Jennifer Rothschild

66 Mal »Ich liebe dich«

JENNIFER ROTHSCHILD

66 x

»Ich liebe dich«

GOTTES LIEBE IN JEDEM BUCH DER BIBEL

AUS DEM AMERIKANISCHEN
VON ANNETTE PENNO

SCM
Hänssler

SCM

Stiftung Christliche Medien

Der SCM Verlag ist eine Gesellschaft der Stiftung Christliche Medien, einer gemeinnützigen Stiftung, die sich für die Förderung und Verbreitung christlicher Bücher, Zeitschriften, Filme und Musik einsetzt.

Published by arrangement with Thomas Nelson, a division of HarperCollins Christian Publishing, Inc.

Gesamtgestaltung: Kathrin Spiegelberg, Weil im Schönbuch
Druck und Bindung: dimograf
Gedruckt in Polen
ISBN 978-3-7751-5809-1
Bestell-Nr. 395.809

Inhalt

Einführung

Ich war acht Jahre alt, als mir Großmutter Sarah eine Bibel mit rotem Ledereinband schenkte. Jeden Sonntag, wenn wir zur Kirche gingen, nahm ich ihr Geschenk mit. Ich versuchte sogar, darin zu lesen, obwohl ich als Drittklässlerin mit der alten Übersetzung wenig anfangen konnte! Aber ich liebte meine Bibel. Ich liebte den Geruch des Leders! Und ich liebte das Geräusch, das die Seiten unter meinen Fingern von sich gaben, wenn ich sie umblätterte. Ich liebte, was ich las: Dass Gott mich – eine Drittklässlerin – unendlich liebte. Tief in mir wusste ich, dass das irgendwie etwas Heiliges war, etwas Besonderes. Irgendetwas tief in mir spürte, dass – so wie die Buchbindung die Seiten zusammenhielt – die Wahrheit in diesen Seiten auch mich zusammenhalten würde.

Und das war wahr! Als ich fünfzehn Jahre alt war, brach meine Welt zusammen. Ich konnte die Worte in meiner Lederbibel nicht mehr lesen. Denn ich konnte sie nicht mehr sehen. Ich erblindete an einer Netzhauterkrankung und konnte nicht mehr in meiner Bibel lesen. Aber die Wahrheit in ihren Seiten hielt mich zusammen – und sie tut es immer noch.

Als erwachsene, blinde Frau nutze ich jetzt andere Bibelübersetzungen und ich blättere auch nicht mehr durch die hauchdünnen Seiten, ich höre mir Audioversionen über Apps auf meinem Computer und meinem Handy an.

Aber unabhängig davon, wie ich mich mit der Bibel beschäftige, sie hinterlässt immer den gleichen Eindruck bei mir. Einen tiefen, unvermeidlichen, nicht zu verringernden Eindruck der spürbaren Liebe Gottes zu mir.

Ich möchte, dass Sie das auch erleben. Gott liebt Sie mit unendlicher Liebe. Das sagt er ihnen 66 Mal – in jedem einzelnen Buch der Bibel.

Vom 1. Buch Mose bis zur Offenbarung werden Sie erkennen, wie viel Sie Gott bedeuten. Beim Lesen der Geschichtsbücher und Dichtungen des Alten Testamentes werden Sie daran erinnert, dass Gott Sie kennt, sieht und liebt – und zwar bedingungslos. Wenn Sie das Evangelium und die Briefe des Neuen Testamentes lesen, werden Sie spüren, wie Sie seine Liebe herausfordert und verändert.

Mein Gebet ist, dass auch Sie die tiefe, unvermeidliche, nicht zu verringernde Auswirkung seiner Liebe wahrnehmen, die sich Ihnen auf 66 verschiedene Weisen zeigt.

Jennifer Rothschild, März 2016

1. Mose – Gott erschafft Sie mit seinen Händen

Am Anfang rief Gott alles ins Leben. Er sagte, »Es werde Licht«, und dann gab es Licht! Er sprach es einfach aus. Er befahl es. Er sagte es einfach – und es geschah! Durch sein Wort ließ er all das entstehen, was es vorher nicht gegeben hatte.

Mit jedem seiner Worte entstand unsere Welt: Sterne und Planeten, schimmernder Sonnenschein und grelle Blitze, Berge und Meere, Wälder und Tiere, Vögel und Wasserwesen, turmhohe Bäume und klitzekleine Blümchen. Gottes Stimme schuf alles – bis auf den Menschen. Gott befahl nicht, dass der Mensch existieren sollte, denn der Mensch war anders – er war von Gott geliebt.

Da formte Gott, der Herr, aus der Erde den Menschen und blies ihm den Atem des Lebens in die Nase. So wurde der Mensch lebendig.

1. MOSE 2,7

Unser wunderbarer Schöpfer beugte sich herab und machte sich mit dem Dreck der Erde sozusagen die Hände schmutzig, um uns Leben zu schenken. Gott benutzte seine Hände, seine Berührung, um uns zu kreieren, das I-Tüpfelchen seines gesamten schöpferischen Werks. Und nachdem er den Mann gemacht hatte, formte er mit denselben Händen aus der Rippe des Mannes vorsichtig eine Frau. Er gestaltete sie liebevoll, damit sie die Schönheit ihres Schöpfers widerspiegelte.

Gott hätte genauso gut befehlen können, dass es Sie und mich gibt. Aber er entschied sich, dass wir – seine geliebten Geschöpfe – seinen Fingerabdruck tragen sollten. Seine Berührung unterscheidet uns von allen anderen geschaffenen

Dingen. Sie ehrt uns vor allen anderen Geschöpfen. Diese Berührung auf unserem Leben ist eine unablässige Erinnerung daran, dass wir geliebt sind.

Sie sind nicht einfach nur das Ergebnis eines göttlichen Befehls zu irgendeiner genetischen Angelegenheit. Sie sind das Ergebnis der liebenden Hand Gottes, die sich vom Himmel hinunterstreckte, um Sie zu berühren und zu seinem Eigentum zu machen. Und er streckt sich noch immer nach Ihnen aus und berührt Sie. In 1. Mose 1,31 steht dazu: »Danach betrachtete Gott alles, was er geschaffen hatte. Und er sah, dass es sehr gut war«.

Können Sie seinen Fingerabdruck auf Ihrem Leben erkennen? Danken Sie Gott für seine liebevolle Berührung und bitten Sie ihn, Sie weiter zu der wunderbaren Person zu formen, die er liebt.

2. Mose – Gott befreit Sie, wenn Sie gefangen sind

Mehr als vierhundert Jahre lang waren die Israeliten Sklaven in Ägypten. Sie steckten fest, wurden misshandelt, besaßen keinerlei Rechte und waren dennoch Gottes Volk. Er hatte sie, seine geliebten Menschen, nicht vergessen. Und plötzlich, mit flammender Liebe und Wut, sprach Gott aus einem brennenden Dornenbusch heraus zu einem von ihnen:

Ich habe gesehen, wie mein Volk in Ägypten unterdrückt wird. Und ich habe ihr Schreien gehört […] Ich bin gekommen, um sie aus der Gewalt der Ägypter zu retten.

2. MOSE 3,7-8

Die Israeliten fragten sich Jahrhunderte lang, ob Gott sie wirklich liebte, und eines Tages setzte seine Liebe direkt vor Moses' Augen einen Busch in Brand. Und Gott machte sich in seiner Liebe daran, sein Volk zu retten. Als die Israeliten endlich frei waren, sang Mose: »Voller Güte hast du dieses Volk geführt, das du gerettet hast. Du hast es durch deine Macht zu deiner heiligen Wohnung geleitet« (2. Mose 15,13).

So wie Gott sein Volk aus der Sklaverei in Ägypten befreit hat, so befreit er auch Sie aus allem, was Sie allein nicht schaffen. Denn »aus Liebe hat er sich [Ihnen] zugewandt« (5. Mose 7,8; HFA) und macht Sie frei von der Sklaverei der Sünde, der Unsicherheit, der Angst und der Verzweiflung. Er befreit Sie, ihm zu vertrauen und sich auf seine Verheißungen für Ihr Leben zu verlassen. Er hat gesagt: »Ich habe das Schreien der Israeliten gehört und ich habe gesehen, wie sie von den Ägyptern unterdrückt werden« (2. Mose 3,9). Genauso haben Ihre Hilferufe nach Befreiung sein Herz erreicht. Er liebt Sie und er sieht, was Sie durchmachen. Er weiß, was Sie bedrückt und wovon Sie gerne frei wären.

Gottes Liebe rettet Sie! Er kann die Ketten zerbrechen, die Sie in Ihrem persönlichen Ägypten gefangen halten. Bitten Sie ihn, Sie noch heute zu befreien. Sie können seiner mächtigen, liebenden Hand vertrauen, die nicht aufhört, Sie zu retten.

Erinnert euch immer an den Tag, an dem ihr aus Ägypten, dem Ort eurer Sklaverei, weggezogen seid. Denn der Herr hat euch mit großer Macht von hier weggeführt.

2. MOSE 13,3

3. Mose – Gott gewährt Ihnen Zugang zu ihm

Gott liebt Sie so sehr, dass er einen Weg geschaffen hat, wie Sie zu ihm kommen, ihn kennenlernen und ihn lieben können. Um aber echten Zugang zu Gott zu haben, müssen wir tief in unserem Inneren erkennen, wer er ist. Deshalb hat Gott uns das 3. Buch Mose gegeben.

Dieses Buch berichtet davon, wie Gott sein Volk zu sich zieht, damit Sie ihn so kennenlernen, wie er wirklich ist – rein und heilig. Er liebte Sie zu sehr, um Sie fremden Göttern oder einer verkürzten Darstellung seines heiligen Charakters zu überlassen. Gott ersann Möglichkeiten, durch die sein Volk eine heilige Beziehung zu ihm aufbauen konnte: Er gab ihnen Gebote. Diese Orientierungshilfen waren nicht dazu gedacht, sich eine Beziehung zu ihm zu verdienen. Eher waren sie dazu gedacht, die Beziehung der Israeliten zu Gott zu gestalten. Seine Gebote richteten ihre Herzen auf ihn, den wahren Gott, aus und gaben ihnen Sicherheit.

So wie liebende Eltern ihrem Kind schützende Richtlinien geben, gibt Gott auch uns, seinen Kindern, Regeln. Aber wir gewinnen Gottes Gunst nicht dadurch, dass wir diese Regeln befolgen und innerhalb der gesteckten Grenzen bleiben; seine Gunst ist uns bereits sicher, weil wir seinen Sohn haben: Jesus.

Weil Gott uns liebt, lässt er uns wissen, was er erwartet. Er stellt Richtlinien auf und setzt Grenzen, damit wir uns ihm voll Vertrauen und Reinheit nähern können. Er gibt uns seine Gebote und diese zu befolgen »ist nicht schwer« (1. Johannes 5,3).

Weil Gott Sie liebt, bahnt er einen Weg, damit Sie durch Jesus zu ihm kommen können; und er gibt Ihnen Regeln, damit

Sie das Leben mit ihm auf die bestmögliche Weise gestalten können. Aber lassen Sie sich von den Anweisungen nicht ins Stolpern bringen – Gott nutzt sie als Leitplanke, damit Sie sicher mit ihm unterwegs sind und näher zu ihm kommen. Lassen Sie nicht zu, dass irgendeines von Gottes Geboten Ihre Beziehung zu ihm ersetzt.

Wenn ihr diese Anweisungen des Herrn befolgt,
wird euch die Herrlichkeit des Herrn erscheinen.

3. MOSE 9,6

Gott möchte, dass Sie zu ihm kommen, ihn kennenlernen und mit ihm zusammen sind, weil er Sie liebt. Er verspricht: »Ich will mitten unter euch leben; ich will euer Gott sein und ihr sollt mein Volk sein« (3. Mose 26,12). Danken Sie ihm heute dafür, dass er ein liebevoller Vater ist, der Sie genug wertschätzt, um Ihnen zu zeigen, wie Sie gut mit ihm leben können. Und bitten Sie ihn darum, dass er Sie in eine immer tiefere Beziehung zu ihm führt.

4. Mose – Gott baut Ihnen eine Zufluchtsstätte

Als Gott das verheißene Land unter den Stämmen seines Volkes aufteilte, wies er den Leviten achtundvierzig Städte zu. Sechs dieser Städte waren von Gott dazu auserwählt worden, Zufluchtsstädte zu sein. Diese Städte sollten Orte sein, an denen Menschen sicher waren, die ungerechtfertigt angeklagt wurden oder um ihr Leben fürchten mussten.

Gott sagte Mose: »Bestimmt einige Städte, die euch als Freistädte dienen sollen. Wer aus Versehen einen Menschen getötet hat, kann dorthin fliehen. Diese Städte sollen Zufluchtsorte sein, in denen ein Mensch, der einen anderen getötet hat, vor der Blutrache sicher ist. Ein Mörder darf nur hingerichtet werden, wenn die Gemeinschaft ihn dazu verurteilt hat« (4. Mose 35,11-12). Mit anderen Worten waren diese Orte, obwohl sie hebräische Städte waren, offen für jeden, der ihren Schutz brauchte.

Diese sechs Städte sollen den Israeliten, den bei euch lebenden Ausländern und euren Gästen Schutz bieten.

4. MOSE 35,15

Diese Zufluchtsorte sind ein Symbol für Gottes Schutz für jeden Einzelnen von uns. Gott schuf einen Ort, an dem wir in seiner Liebe und Vergebung sicher sind, wenn wir bedürftig sind und von anderen angeklagt werden. So wie die »Städte der Zuflucht« jeden willkommen heißen, so heißt Gott auch uns willkommen.

Wir alle brauchen eine »Stadt der Zuflucht« – einen schützenden Ort, von dem wir wissen, dass wir dort sicher und willkommen sind. Gottes bedingungslose Liebe ist solch ein

Zufluchtsort für uns. Wenn wir uns zu ihm flüchten, erwartet er uns mit offenen Armen, verteidigt unsere Ehre, schützt uns und unser Leben.

Wenn Sie Zuflucht brauchen, dann sagt Jesus: »Wer zu mir kommt, den werde ich nicht hinausstoßen« (Johannes 6,37; ELB). Er möchte die Schutzmauer sein, die Sie umgibt und hinter der Sie Schutz finden. Suchen Sie noch heute seinen Schutz. Bitten Sie ihn, Sie in seiner bedingungslosen, zuverlässigen und unendlichen Liebe zu bergen.

Gott ist unsre Zuflucht und unsre Stärke, der uns in Zeiten der Not hilft. Deshalb fürchten wir uns nicht.

PSALM 46,2-3

5. Mose – Gott hält seinen Bund der Liebe mit Ihnen

Er hat erklärt, dass er euch über alle anderen Völker setzen wird, die er gemacht hat. Dann werdet ihr gerühmt, gelobt und geehrt werden. Ihr werdet ein Volk sein, das dem Herrn, eurem Gott, heilig ist, wie er es versprochen hat.

5. MOSE 26,19

Dieses Versprechen hat Mose dem Volk Israel mitgeteilt – es war eine Erinnerung daran, wie sehr ihr Gott die Israeliten liebte. Und zwar *nachdem* sie sich vor dem goldenen Kalb niedergeworfen und damit richtig Mist gebaut hatten. Vierzig Jahre waren ins Land gegangen und Gott gab den Israeliten sein Gesetz zum zweiten Mal, weil die Generation vor ihnen so kläglich daran gescheitert war, dass sie es nicht aus der Wüste heraus geschafft hatten. Trotzdem gab Gott in seiner unvorstellbaren Liebe und Treue dieser neuen Generation noch einmal seine Gebote – in dem Wissen, dass auch sie ihm untreu werden und seine Verheißungen vergessen würden.

Das Volk Israel brauchte eine Erinnerung an Gottes Versprechen, sie zu lieben, so wie wir das alle ab und zu nötig haben. Und zwar gerade dann, wenn wir es mal wieder vermasselt haben. Wenn wir Gott untreu werden, fragen wir uns, ob Gott uns nun seine Liebe entzieht.

Aber Gottes Liebe zu Ihnen ist ein Versprechen – ein Bündnis. Derselbe Gott, der den Israeliten seine Liebe zusicherte, ist der Gott, der auch Sie liebt, und seine Liebe wird niemals aufhören (vgl. 1. Korinther 13,8). Sie umspannt Millennien.

Wegen seiner treuen Liebe gab Gott Israel die Gebote zum zweiten Mal, und er gibt auch Ihnen immer wieder eine zweite Chance. Sein Bündnis aus Liebe verspricht Ihnen, dass sein Wort immer wieder neu für Sie gilt und er Sie daran erinnern wird, wenn Sie es vergessen. Gottes treue Liebe bedeutet, dass er Sie niemals verstoßen wird, selbst wenn Sie Mist bauen. Er hat entschieden, dass Sie seiner Zuneigung wert sind, selbst wenn Sie scheitern.

Erkennt deshalb, dass der Herr, euer Gott, der wahre Gott ist. Er ist der treue Gott, der über 1000 Generationen hinweg zu seinem Bund mit denen steht, die ihn lieben und seinen Geboten nachkommen.

5. MOSE 7,9

Danken Sie Gott heute dafür, dass er großzügig zweite Chancen verteilt, und beten Sie ihn dafür an, dass er Sie niemals aufgibt.

Josua – Gott gibt Ihnen einen Auftrag

Das Buch Josua beschreibt die Zeit nach Moses' Tod, als Josua der Anführer von Gottes Volk wurde. Das Umherirren in der Wüste hatte ein Ende und die Zeit war gekommen, das Land einzunehmen, das Gott dem Volk Israel verheißen hatte. Aber einer der Feinde Israels war schneller gewesen und hatte schon Schilder mit dem Hinweis »besetzt« aufgestellt. Obwohl Gott das Land den Israeliten versprochen hatte, waren die Kanaaniter bereits eingezogen.

Aber wenn Gott ein Versprechen gibt, ist der Auftrag gleich mit dabei. Gott wies Josua an, das verheißene Land für sein Volk einzunehmen.

Sei stark und mutig, denn du sollst meinem Volk zu dem Land verhelfen, das ich seinen Vorfahren versprochen habe.

JOSUA 1,6

Gott hat Sie vermutlich nicht mit dem göttlichen Auftrag bedacht, die Kanaaniter aus dem verheißenen Land hinauszuwerfen, aber er hat auch Ihnen einen großartigen Auftrag gegeben. Wir alle kennen Zeiten, in denen wir uns orientierungslos fühlen, aber selbst in solchen Zeiten sind wir nicht ohne Auftrag. Gott gibt Ihnen die höchste Berufung – das göttliche Ziel des Lebens. Er hat Sie dazu berufen, »den Herrn, [Ihren] Gott, zu lieben und auf allen seinen Wegen zu wandeln und seine Gebote zu halten und ihm anzuhängen und ihm zu dienen mit [Ihrem] ganzen Herzen und mit [Ihrer] ganzen Seele!« (Josua 22,5, ELB).

Gott liebt Sie zu sehr, als dass er Ihnen keine Bestimmung gibt. Er hat Sie dazu bestimmt, ihn zu lieben, mit ihm zu leben und seinen Worten direkt ins verheißene Land zu folgen. Gott lässt Sie nicht ohne Ziel, Richtung oder Kraft. So wie er einen göttlichen Auftrag für Josua hatte, hat er auch ein göttliches Ziel für Sie – ein großartiges Ziel.

Jesus sagt, es »wird jeder, der die Gesetze Gottes befolgt und sie anderen erklärt, im Himmelreich groß sein« (Matthäus 5,19). Sie haben den fantastischen Auftrag bekommen, nach den Worten Jesu zu leben und sie mit anderen zu teilen. Danken Sie Gott dafür, dass er Ihnen die höchstmögliche Berufung zugedacht hat – ihn zu kennen, zu lieben und bekannt zu machen.

Denn ich, der Herr, dein Gott, bin bei dir, wohin du auch gehst.

JOSUA 1,9

Also, seien Sie heute stark und mutig und leben Sie Ihren göttlichen Auftrag.

Richter – Gott erweist Ihnen Gnade trotz wiederholter Verfehlungen

Das Buch Richter ist so etwas wie meine Geschichte. Und es ist auch Ihre Geschichte, obwohl es zuerst die Geschichte des alten Israels war. Gott rettete sein Volk, und eine Zeit lang war es ihm dafür dankbar. Dann kümmerten sich die Israeliten jedoch um andere Dinge und vergaßen, was Gott für sie getan hatte. Gott hingegen ließ sie die Suppe auslöffeln, die sie sich selbst mit ihren Entscheidungen eingebrockt hatten. Das Leben schmeckte bitter.

Dann besannen sich die Israeliten und schrien zu Gott um Befreiung. Gott rettete sie, aber unglücklicherweise begann das gleiche Spiel wieder von vorne – dem Vertrauen folgte erneutes Versagen. Doch wie jede unserer Geschichten handelt auch das Buch Richter nicht allein von unserem Versagen; es handelt vor allem von Gottes unvergänglicher Liebe. Unsere menschliche Schwäche und unser Versagen rücken Gottes unaufhaltsame Liebe zu uns in den Fokus.

Ich habe euch aus Ägypten herausgeführt und in dieses Land gebracht, das ich euren Vorfahren mit einem Schwur zugesichert habe. Ich habe gesagt: »Meinen Bund mit euch werde ich niemals brechen. Ihr dagegen sollt euch nicht mit den Menschen verbünden, die in diesem Land wohnen. Ihre Altäre sollt ihr zerstören.« Doch ihr habt nicht auf mich gehört. Warum habt ihr das getan?

RICHTER 2,1-2

Gott liebt uns genug, um seinen Bund mit uns zu halten, selbst wenn wir unseren Teil der Abmachung nicht einhalten. Er liebt uns genug, um uns zu konfrontieren, uns scheitern und ins Schwimmen geraten zu lassen, und er liebt uns sogar genug, um uns ihn vergessen zu lassen. Aber er liebt uns zu sehr, als dass er uns aufgeben würde.

Gott begegnet unserem wiederholten Scheitern mit seiner radikalen Treue! Seine Gnade ist jeden Morgen neu, und seine Treue ist groß – größer als Ihr schlimmster Fehler, tiefer als Ihr größtes Bedauern und sie wiegt schwerer als jegliches Vergehen.

»Damals hatte Israel noch keinen König, deshalb tat jeder, was er für richtig hielt«, berichtet Richter 17,6. Aber heute haben Sie einen König, der bereit ist, Ihnen seine Gnade zu gewähren. Der König der Könige liebt Sie und begegnet Ihnen mit Gnade und unvergänglicher Liebe. Er tut das selbst dann, wenn Sie es am wenigsten verdienen oder erwarten. Hören Sie nicht auf, immer wieder neu Gottes Liebe zu suchen, und Sie werden sie finden. Verlassen Sie sich heute auf Gottes Barmherzigkeit und erkennen Sie, dass seine Gnade viel größer ist als alles Durcheinander, das Sie eventuell verzapft haben.

Rut – Gott nimmt Sie in seine Familie auf

Jeder möchte irgendwo dazugehören. Aber Rut und ihre Schwiegermutter Noomi waren Außenseiter. Beide waren Witwen in einem fremden Land. Noomi hatte ihren Mann und zwei Söhne in Moab beerdigen müssen. Und jetzt tat sie, was ihr richtig erschien – sie schluckte ihre Trauer runter, packte ihre Sachen und machte sich auf den Weg zurück in ihr Heimatdorf Bethlehem. Rut, die aus Moab stammte, verließ ihre Familie und ihre Heimat, um mit Noomi zu gehen.

Aber als sie ankamen, konnten sich weder Noomi noch Rut das Land aneignen, das ihren Ehemännern gehört hatte. Sie waren darauf angewiesen, dass sich Noomis männliche Verwandte um sie kümmerten. Daraufhin versammelten sich die Männer vor den Toren der Stadt, und dem engsten Verwandten wurde das Recht eingeräumt, den Besitz zurückzukaufen – mit allen dazugehörigen Verpflichtungen. »Gut, ich werde es auslösen«, sagte der Verwandte (Rut 4,4). Doch als er hörte, dass Rut in die damit einhergehende Heirat einwilligte, änderte er seine Meinung.

Rut war also erst verwitwet und wurde jetzt auch noch von einem Mann zurückgewiesen, von dem sie Schutz und Fürsorge erhofft hatte. Sie sehnte sich nach Zugehörigkeit. Dann trat Boas in ihr Leben. »Zusammen mit dem Land habe ich auch Rut erworben, die moabitische Witwe von Machlon. Sie soll meine Frau werden [...]« (Rut 4,10), entschied er sich. Damit erfüllte Boas Ruts Wunsch nach Zugehörigkeit.

Auch wir wünschen uns, dazuzugehören. Und so wie Boas Rut in seine Familie aufnahm, wählt Gott uns aus, um zu seiner Familie zu gehören. Denn früher waren wir kein Volk; jetzt sind wir das Volk Gottes (vgl. 1. Petrus 2,10). Boas erlöste Rut aus ihrer Außenseiterrolle – und genauso erlöst Jesus uns!

Das bedeutet, dass Jesus alle unsere Verpflichtungen übernimmt und sie zu seinen eigenen macht. Seine Liebe macht Sie zu einem Teil seiner Familie. Danken Sie Gott dafür, dass er Sie aufgenommen hat und erinnern Sie sich daran, wenn Sie sich alleine oder als Außenseiter fühlen: Ihr Erlöser liebt Sie und Sie gehören für immer zu ihm. Reagieren Sie auf Gottes Liebe zu Ihnen, indem Sie ihm heute sagen:

Wo du hingehst, dort will ich auch hingehen, und wo du lebst, da möchte ich auch leben.

RUT 1,16

1. Samuel – Gott salbt Sie mit seinem Geist

Als Gott nach einem König Ausschau hielt, suchte er sich den Sohn von Isai aus, der dafür am wenigsten in Frage kam: den jüngsten, den Hirtenjungen. Dann schickte er den Propheten Samuel los, um ihn zu finden. Samuel spürte David auf.

Und während David inmitten seiner Brüder stand, nahm Samuel das Öl, das er mitgebracht hatte, und goss es über Davids Kopf aus. Von diesem Tag an kam der Geist des Herrn über ihn und verließ ihn nicht mehr.

1. SAMUEL 16,13

Gott salbte David, indem er ihm seinem Geist gab. Er hatte eine Aufgabe für David, die viel größer war als alles, was David sich vorstellen konnte, während er seine Schafe hütete. Gott gab diesem jungen Hirten seinen Geist, damit er seine Berufung ausführen konnte.

Gesalbt zu sein, bedeutet, für etwas auserwählt und berufen zu sein. Vielleicht kommen Sie sich völlig ungeeignet vor, um für einen göttlichen Auftrag erwählt zu sein, aber auch Sie haben den Geist Gottes. So wie David nichts dafür getan hat, gesalbt zu werden, können auch Sie nichts dafür tun. Es ist einfach ein Geschenk, das Sie bekommen, wenn Sie Ihr Leben Christus anvertrauen.

Wenn Sie darauf vertrauen, dass Jesus Ihr Retter ist, lebt sein Geist in Ihnen – dann sind Sie wie David mit seinem Geist gesalbt. In 1. Johannes 2,20 steht: »Doch euch hat Christus seinen Heiligen Geist gegeben, und deshalb kennt ihr die Wahrheit« (HFA).

Und Jesus sagt, dass es sein Geist ist, »der in alle Wahrheit führt […] [und] bei euch bleibt und später in euch sein wird« (Johannes 14,17). Gott liebt Sie so sehr, dass er nicht nur mit Ihnen zusammen sein möchte, sondern sogar in Ihnen präsent sein will – deshalb gibt er Ihnen seinen Geist.

So wie er König David beschenkte, wird der Geist des Herrn jeden Tag Ihres Lebens in Ihnen sein. Und sein Heiliger Geist versorgt Sie fortwährend mit Bestimmung und Kraft. Selbst wenn Sie manchmal den Eindruck haben, dass Sie wie ein Hirtenjunge übersehen werden, sieht Gott Sie und wählt Sie aus, um Sie mit seinem Geist für eine Aufgabe auszustatten, die um vieles größer ist als das, was Sie sich selbst und Ihren Fähigkeiten zutrauen.

Bitten Sie Gott, Sie heute neu mit seinem Geist zu beleben, damit Sie seine Bestimmung für Ihr Leben umsetzen können.

2. Samuel – Gott baut Ihnen ein Zuhause

Im zweiten Buch Samuels war David, der frühere Hirte, König geworden. Er hatte seinen Regierungssitz in einem Palast aus Zedern. Aber er war traurig, weil es für Gott kein angemessenes Haus gab. Er klagte: »[...] und die Lade Gottes steht in einem Zelt« (2. Samuel 7,2). Daher plante David, Gott ein Haus zu bauen – bis Gott das Ganze umdrehte. Nun war es nicht mehr David, der ein Zuhause für Gott baute, denn Gott sagte:

Meinem Volk Israel werde ich eine Heimat geben,
einen sicheren Ort, an dem ihm nichts geschieht.

2. SAMUEL 7,10

Sieht das unserem liebenden Gott nicht ähnlich? Wir versuchen, ihm ein Zuhause zu bauen, und stattdessen schafft er eine Heimat für uns! Gott gibt uns ein Zuhause in seinem Herzen und in seiner Familie. Er macht uns zum Teil seines Königreichs, nur weil er uns liebt.

Gott baute durch David ein ewiges Zuhause. Dieser ewige Heimatort sollte nicht nur für die vierzigjährige Herrschaft von König David gelten, sondern jedem danach, der sich auf Gott verließ. Davids Herrschaft startete in einem königlichen Haus und wurde zu einem ewigen Heimatort, der schließlich von König Jesus regiert werden wird – und darin sind Sie und ich eingeschlossen.

Manchmal kann uns das Gefühl beschleichen, dass wir alleine sind. Wir sind unsicher darüber, wo wir wirklich hingehören. Aber Gott hat bewiesen, dass Sie Teil seines besten Bauprojekts überhaupt sind:

Aber ihr seid anders, denn ihr seid ein auserwähltes Volk. Ihr seid eine königliche Priesterschaft, Gottes heiliges Volk, sein persönliches Eigentum.

1. PETRUS 2,9

Gott hat einen Platz in seinem Königreich für Sie reserviert und Ihnen ein Zuhause in seinem Herzen geschaffen. Danken Sie ihm heute dafür, dass er Ihnen eine Heimat in seinem Reich und Herzen gegeben hat. Zeigen Sie ihm, dass Sie ihn lieben, indem auch Sie ihm Raum in Ihrem Herzen geben.

1. Könige – Gott bleibt Ihnen treu

Gottes Liebe ist unvergänglich, selbst wenn wir untreu sind. Und wir waren alle schon untreu. Wir haben Versprechen gebrochen und nicht das gehalten, was wir zugesagt hatten. Viele unserer Tage fingen mit großem Vertrauen an – und endeten in großem Versagen. Damit sind wir nicht allein. Die Bibel sagt uns:

Salomo liebte den Herrn und befolgte alle Anweisungen seines Vaters David bis auf eine einzige: Auch er nutzte weiterhin diese Altäre [fremder Götter] auf den Hügeln für Opfergaben und Rauchopfer.

1.KÖNIGE 3,3

Davids Sohn Salomo war König geworden und galt als der weiseste Mann aller Zeiten (vgl. 1. Könige 5,11). Aber diese Weisheit hielt ihn nicht davon ab, Gott untreu zu sein. Er war treu und untreu, unerschüttert und erschüttert, nun ja, er war einfach menschlich! Wir Menschen sind beständig unbeständig.

Aber obwohl Salomo untreu war, lehnte unser treuer Gott es ab, ihm das gesamte Königreich wieder wegzunehmen, »weil mein Diener David, den ich erwählt habe, meinen Geboten und Gesetzen gehorcht hat« (1. Könige 11,34).

Gott bemisst seine Treue nicht an Ihrem Verhalten oder führt Buch darüber. Gott ist Ihnen treu, selbst wenn Sie unzuverlässig sind. Und er tut das um Jesu Willen. Wenn Sie mit Christus leben, dann ist Christus in Ihnen, und Gott kann nicht sich nicht von Ihnen abwenden, ohne dass er sich selbst den Rücken zukehrt! Wie Paulus Tausende von Jahren nach

Salomo schrieb: »Wenn wir untreu sind, bleibt er treu, denn er kann sich selbst nicht verleugnen« (2.Timotheus 2,13).

Das heißt, dass unabhängig davon, was Sie getan haben oder wie weit Sie sich von Gott entfernt haben, Gottes Treue auf Sie wartet und Ihnen vergibt, Sie aufbaut und stärkt und Ihre Beziehung zu ihm wieder erneuert. Verschieben Sie heute Ihren Fokus von Ihrem Versagen weg hin auf Gottes Treue. Sie werden unvergängliche Liebe und bedingungslose Vergebung entdecken.

2. Könige – Gott ist geduldig mit Ihnen

Gott macht seine Liebe durch Taten deutlich. Aber manchmal beweist er auch seine Liebe, indem er nichts tut. Haben Sie sich jemals unsere Welt angeschaut und sich gefragt: »Warum tut Gott nichts?« Die Antwort ist möglicherweise folgende: »Wegen seiner Geduld.« Gott hört nicht damit auf, uns noch eine Chance zu geben. Das macht er, weil er uns liebt.

Durch das Buch 2. Könige hindurch machten Israel und Juda dieselben Fehler immer wieder. Sie hatten einige gute Könige und einige schlechte Könige; sie trafen manch gute und manch schlechte Entscheidung. Aber Gott hatte Geduld. Wenn sich ein Leiter an Gott wandte, führte Gott ihn auf eindrückliche und mächtige Weise. Wenn der König anderen Göttern nachfolgte, ließ Jahwe das Königreich die negativen Früchte für das Verhalten des Königs ernten. Die gesamte Zeit hindurch verfolgte Gott dabei geduldig seinen Plan, die Menschen zu erlösen, die er liebte.

Die Bibel sagt uns, dass die Israeliten »viel Böses getan [hatten], das den Zorn des Herrn erregte. Sogar Götzen beteten sie an, obwohl der Herr ihnen gesagt hatte: ›Das sollt ihr nicht tun‹« (2. Könige 17,11-12).

Es mag so aussehen, als würde Gott nicht so schnell handeln, wie er sollte, wenn es um das Böse oder die Ungerechtigkeit in unserer Welt geht, aber es ist »nicht so, dass der Herr seine versprochene Wiederkehr hinauszögert, wie manche meinen. Nein, er wartet, weil er Geduld mit uns hat. Denn er möchte nicht, dass auch nur ein Mensch verloren geht, sondern dass alle Buße tun und zu ihm umkehren« (2. Petrus 3,9). Gottes offensichtliche Passivität ist kein Zeichen mangelnder Barmherzigkeit, sondern eher ein Hinweis auf seine tiefe Liebe und seine unglaubliche Geduld mit uns.

Gott könnte sein Volk strafen; stattdessen steht er geduldig zu ihm. Er erträgt unser Vergehen mit seiner Geduld. Darin erkennen wir seine Liebe, die handelt; im »Reichtum seiner Gütigkeit und Geduld und Langmut« (Römer 2,4; ELB). Gott ist nicht gewillt, uns aufzugeben oder uns unserem Eigensinn zu überlassen. Seine Geduld demonstriert seine radikale Barmherzigkeit uns gegenüber.

Danken Sie Gott heute für seine Geduld mit Ihnen und bitten Sie ihn, Ihnen Geduld für andere Menschen zu schenken, die gerade in sündigen und von Gott abgewandten Verhaltensmustern feststecken.

1. Chronik – Gott verhilft Ihnen zum Erfolg

Gottes Liebe hat Sie mit Erfolg gekrönt, der nichts mit Ihren eigenen Errungenschaften zu tun hat. Vielleicht sehen Sie sich selbst nicht als besonders erfolgreich an. Aber wenn Sie schon lange mit Jesus unterwegs sind, dann können Sie auf Ihre Geschichte zurückblicken und darüber staunen, wie Gott Sie verändert hat, was er durch Sie getan hat und was er manchmal sogar trotz Ihnen vollbracht hat!

Als Hirtenjunge hätte sich David niemals träumen lassen, wozu Gott sein Leben gebrauchten wollte. Aber als König blickte er zurück und fragte Gott: »Wer bin ich, Herr, mein Gott, und was ist meine Familie, dass du mich so weit gebracht hast?« (1. Chronik 17,16). David sah seinen eigenen Erfolg und war verwundert.

Manchmal messen wir unseren Erfolg an dem, was wir erreicht haben oder welchen Weg wir zurückgelegt haben oder aus welcher Familie wir kommen. Und wenn wir das tun, glauben wir schnell, dass wir erfolglos sind, weil wir nicht genug in unserem Leben erreicht haben oder unsere Vergangenheit zu viele Fehler oder eine dysfunktionale Familiengeschichte aufweist. Aber Gott, der Sie liebt, hat Ihnen Erfolg gegeben, der nichts mit Ihrer Leistung, Ihrer Vergangenheit oder Herkunft zu tun hat.

Vielleicht sind Sie nicht gerade Königin eines Landes oder CEO eines Unternehmens; vielleicht sind Sie nicht einmal in der Lage, Ihre Wohnung sauber zu halten oder Ihren Kindern passende Socken anzuziehen. Vielleicht haben Sie eine gescheiterte Ehe hinter sich oder sind arbeitslos. Aber der liebende Gott hat Ihnen genau wie David zum Erfolg verholfen, weil er Sie bis hierher gebracht hat. Wenn Sie einen tiefen

Blick in Ihre Seele werfen und voller Demut fragen, »Wer bin ich, dass du mich so weit gebracht hast?«, beginnen Sie die Art von Erfolg zu verstehen, die Ihnen durch Gott geschenkt wurde.

Als David darüber nachdachte, was Gott in seinem Leben bewirkt hatte, sagte er: »Du erweist mir solche Ehre, Herr, mein Gott, als wäre ich ein großer und bedeutender Mensch!« (1. Chronik 17,17; HFA). David hatte es kapiert. Er verstand, dass man sich Erfolg nicht verschaffen kann. Erfolg ist vielmehr der Glaube an die Wirklichkeit dessen, wer Gott ist und was er über Sie sagt.

Fragen Sie Gott heute: »Wer bin ich, dass du mich so weit gebracht hast?«. Und dann hören Sie ihm zu. Er wird Ihnen seine Liebe versichern und Sie an all das erinnern, was er in Ihrem Leben getan hat.

2. Chronik – Gott verleiht Ihrem Gebet Macht

Endlich war der langersehnte Tempel fertig: wunderschön, mit Juwelen verziert und beeindruckender als alles, was die Israeliten bis dahin gesehen hatten. Am Tag der Einweihung »trat Salomo vor den Augen der versammelten Israeliten an den Altar des Herrn und breitete seine Hände aus« (2. Chronik 6,12; HFA).

Und obwohl König Salomo vor Tausenden von Jahren in einem atemberaubenden Tempel in einem fremdem Land ein Gebet für Menschen sprach, denen Sie nie begegnet sind, waren Sie in diesem Gebet mit eingeschlossen:

Wenn Fremde, die nicht zu deinem Volk der Israeliten gehören, von deinem großen Namen und deinen gewaltigen Wundern hören und von deiner Macht und aus fernen Ländern hierher kommen und zu diesem Haus gewandt beten, dann höre sie im Himmel, wo du wohnst, und gib ihnen alles, worum sie dich bitten. Denn alle Völker der Erde sollen dich erkennen und achten, so wie dein Volk der Israeliten es tut.

2. CHRONIK 6,32-33

Es gab keinen einzigen Moment, an dem Gott nicht an Sie gedacht und Sie in seinem Herzen gehabt hat, und aus diesem Grund sind Sie ins Gebet des Königs von Israel eingeschlossen. Aber noch erstaunlicher als das ist die Tatsache, dass Jesus, der König des Universums, für Sie gebetet hat: »Ich bete nicht nur für diese Jünger, sondern auch für alle, die durch ihr Wort an mich glauben werden« (Johannes 17,20).

»Als Salomo sein Gebet beendet hatte, fiel Feuer vom Himmel und verzehrte die Brandopfer sowie alle anderen Opfer, und die herrliche Gegenwart des Herrn erfüllte den Tempel«, steht im Anschluss an Salomos Gebet in 2. Chronik 7,1. Gott liebte Salomo und hörte auf sein Gebet. Gott liebt Sie ebenso und hört auch Ihre Gebete.

Seine brennende Liebe ist mit Ihnen, wenn Sie beten, und seine herrliche Gegenwart erfüllt auch Sie – seinen lebendigen, wunderschönen Tempel (vgl. 1. Korinther 6,19). Daher beten Sie. Nicht, weil Sie sich dann mächtiger fühlen, sondern weil Ihr liebender Gott Ihren Gebeten Macht verleiht!

Esra – Gottes beständige Liebe erneuert Sie

Haben Sie manchmal das Gefühl, in den Ruinen dessen zu leben, was eigentlich Ihr Leben hätte sein können? Träume platzen, Beziehungen scheitern und Menschen versagen. Manchmal schauen wir auf die Landkarte unseres Lebens und finden nur noch die Trümmer von dem, was mal da war, und die unfertigen Fundamente dessen, was wir aufbauen wollten.

Esra kannte dieses Gefühl nur zu gut; genau wie das Volk Gottes, das gerade aus der 70-jährigen Gefangenschaft in Babylon zurückgekehrt war. Sie kamen zurück und hielten den Atem an – in der Hoffnung, die alte Pracht vorzufinden – und fanden stattdessen Ruinen vor. Ihr Tempel und die Stadt Jerusalem waren zerstört. Die Heimkehrer arbeiteten ganze zehn Jahre daran, um das Fundament des Tempels zu legen. Und doch weinten die Alten, als sie damit fertig waren, weil es im Vergleich zu Salomos Tempel eine Enttäuschung war (vgl. Esra 3,12).

Obwohl Gott alles für sein Volk wiederherstellte, dauerte dieser Prozess lange und war hart und entmutigend. Doch schließlich war der Tempel wieder aufgebaut und die Hoffnung des Volkes erneuert. »Er hat uns wieder zum Leben erweckt, sodass wir das Haus unseres Gottes aufbauen und es aus seinen Trümmern erstehen lassen konnten. Er hat uns ein Bollwerk in Juda und Jerusalem gegeben«, sagten sie (Esra 9,9).

Gott erneuert uns durch seine beständige Liebe, selbst wenn wir noch den Schmerz eines großen Verlusts spüren. Wie Esra und die Israeliten stellen auch wir fest, dass unser Renovierungsprojekt manchmal langwierig, hart und sogar entmutigend sein kann.

Wir können wie die alten Israeliten zurückschauen und darüber weinen, dass unsere Träume nicht so schnell oder nicht so wie erhofft wahrgeworden sind. Doch Gott ist noch nicht fertig mit uns. Seine Liebe ist unendlich, selbst wenn wir ungeduldig sind.

Gottes Liebe wird Ihren Geist erneuern, wenn Sie ihm vertrauen, dass er das, was in Ihnen zerstört ist, wiederaufbaut. Er wird das, was gestorben ist, wieder »zum Leben erwecken«. Seine Liebe ist stark genug, um etwas Neues »aus den Trümmern erstehen« zu lassen.

Bitten Sie Gott um Hilfe, Ihr Leben heute so zu sehen, wie er es sieht. Richten Sie Ihren Blick darauf, wie er alle Dinge aufbaut, ausbessert und neu macht. Danken Sie ihm dafür, dass er der Bauherr ist, der verlorene Hoffnung erneuert und zerschlagene Seelen heilt.

Nehemia – Gott hilft Ihnen, Zerstörtes wiederaufzubauen

In diesem Leben ist Leid unvermeidlich – aber Leid muss nicht von Dauer sein. Fragen Sie Nehemia. Obwohl Nehemia und sein Volk in Babylon in Gefangenschaft waren, hatte Nehemia einen angenehmen Job im Palast des Königs (vgl. Nehemia 1,11). Er hatte ein gutes Leben. Dann ereilte ihn die Nachricht, dass das Volk Gottes in Jerusalem Not litt. Denn die Stadtmauern waren immer noch zerstört. Das Volk war ohne Schutz (vgl. Nehemia 1,3).

Gott gab Nehemia den Auftrag, nach Jerusalem zu gehen und die Aufbauarbeiten zu leiten. Aber um etwas aufzubauen, braucht man Werkzeug. Gott gab Nehemia nicht nur das Werkzeug, das er brauchte, sondern er machte Nehemia selbst zum Werkzeug, damit die Mauern und Tore Jerusalems wiederaufgebaut werden konnten.

Auch Sie sind ein Werkzeug in der Hand des Bauleiters. Trotz der ganzen Unvollkommenheit in Ihrem Leben kann er Sie dennoch gebrauchen, um seine Ziele zu erreichen. Und er versorgt Sie mit dem, was Sie brauchen, um seine Aufgabe zu erfüllen. Er kann Dinge nutzen, von denen Sie nie gedacht hätten, dass aus ihnen etwas Gutes entstehen könnte. Ihr größter Schmerz oder Ihr schlimmster Fehler, Ihr tiefstes Bedauern oder Ihre größte Schwäche – alles kann zu einem Werkzeug werden, das letztlich dem Aufbau dient. Selbst Ihre eigene Zerbrochenheit kann ein Hilfsmittel sein, das Gott benutzt, um eine tiefere Vollkommenheit in Ihr Leben oder das Leben anderer zu bringen.

Nehemia und sein Team bauten die Mauern Jerusalems in unglaublichen zweiundfünfzig Tagen wieder auf. Das grenzte an ein Wunder. Und als die Feinde Gottes das sahen, »fürchteten sich die benachbarten Völker und verloren den Mut, denn sie erkannten, dass wir dieses Werk mit der Hilfe unseres Gottes ausgeführt hatten« (Nehemia 6,16).

Gott hat einen großartigen Plan für Ihr Leben. Er möchte Sie und durch Sie andere erneuern, sodass alle Menschen an Ihrem Leben erkennen, was Gott getan hat. Das Ergebnis wird fantastischer sein, als Sie es sich vorstellen können, und Gott wird jedes Hilfsmittel bereitstellen, das Sie dafür benötigen. Halten Sie nach den Werkzeugen Ausschau, die Gott Ihnen anbietet. Lehnen Sie nicht ab, woran und womit er Sie möglicherweise arbeiten lässt, selbst wenn es anstrengend ist. Und seien Sie bereit, das Werkzeug zu sein, mit dem er die Menschen, denen Sie heute begegnen, und die Orte, an die Sie heute gehen, wiederherstellt und erneuert.

Ester – Gott macht Sie zur Königin

Sie war nur ein Waisenmädchen, das bei ihrem Cousin aufgewachsen war. Sie waren Juden in Persien. Ihr Volk war mehr als ein Jahrhundert zuvor gefangen genommen worden. Eine verwaiste Ausländerin war so weit von blauem Blut entfernt wie nur irgend möglich. Aber Gott erhöht die Niedrigen und krönt sie mit Gnade. Seine Liebe suchte sich die unbekannte Waise Hadassa aus und machte aus ihr die Königin Ester. Dies ist ihre Geschichte.

Diese Waise aus einer verstoßenen Minderheit wurde aus der einzigen Heimat gerissen, die sie kannte, und in einen Harem gebracht: verängstigt, schutzlos, unsicher. Aber Ester, so wird es berichtet, »hatte eine schöne Figur und ein hübsches Gesicht«, und sie »erwarb sich Gunst bei allen, die sie sahen«, und so zog sie schnell in »die beste Wohnung im Harem« (Ester 2,7.15).

Ester gefiel dem König und gewann schließlich sein Herz. »Sie erwarb sich mehr Gunst und Liebe als die anderen Jungfrauen, deshalb setzte Ahasveros ihr die Königskrone auf und machte sie [...] zur Königin« (Ester 2,17).

Aus der Dunkelheit heraus auf einen Ehrenplatz – das ist Esters Andenken auch heute noch. Jeden Frühling feiern die Juden Purim und lesen Esters Geschichte. Kinder spielen ihr Leben nach – und jedes kleine Mädchen möchte Ester sein. Gott machte Ester nicht nur zur Königin, sondern gebrauchte sie, um ihr Volk zu retten, und schuf ihr damit ein zeitloses Andenken.

Gott verleiht auch Ihnen blaues Blut. So wie Ester die Gunst des Königs gewann, haben Sie die Gunst des Königs der Könige gewonnen! Sie haben seine Aufmerksamkeit auf sich gezogen und sein Herz gewonnen! Der König »freut sich an [Ihrer] Schönheit« (Psalm 45,12).

Gottes Liebe erhebt Sie aus dem Stand eines Waisenkindes in den Stand einer würdevollen Regentin. Egal, wer Sie sind und wo Sie gewesen sind, und auch wenn Sie sich nicht als wertvoll erachten, Gottes Geliebte genannt zu werden, Gott krönt dennoch Sie mit seinem Wert. Vielleicht können Sie nicht glauben, dass Sie dieser Mühe wert sind, aber Gott denkt, dass Sie es wert sind. Daher neigen Sie Ihren Kopf in Demut und spüren Sie, wie die Liebe Gottes Ihnen die Krone aufsetzt. Gott liebt Sie. Er meint genau Sie.

Wenn Sie heute in den Spiegel schauen, dann wird Ihnen eine Königin entgegensehen. Öffnen Sie die Augen Ihres Herzens, damit Sie sehen, wer Sie wirklich sind und wie sehr Sie von Gott geliebt werden.

Hiob – Gott trägt Sie im Leid

Auf jeder Seite des vermutlich ältesten Buchs der Bibel befinden sich Tränenflecken. Das Buch Hiob erzählt eine unserer ältesten Geschichten. Wir alle leiden – und Leid tut weh.

Hiob war ein guter Kerl, er »war rechtschaffen, aufrichtig und gottesfürchtig und sein Lebenswandel war untadelig« (Hiob 1,1). Dennoch verlor Hiob seinen Reichtum, seine Kinder und seine Gesundheit. Und als wäre das nicht genug: Seine Frau beschimpfte ihn, statt ihn zu unterstützen, und seine Freunde belehrten ihn, statt ihn zu lieben. Hiob saß in einem Haufen Asche, voller Schmerzen, untröstlich und entmutigt. Dennoch sagte er über Gott:

Er aber kennt meinen Weg. Und wenn er mich wie Gold im Feuer prüfte, würde ich davonkommen.

HIOB 23,10

Gott liebte Hiob, und Gott liebt Sie. Gott lässt Leid nicht deshalb zu, weil er sich über Sie ärgert oder von Ihnen enttäuscht ist und Sie nun bestrafen will. Gott lässt die Art von Leid zu, die auch sein Herz bricht, um das in Ihnen zu vollbringen, was letztlich Ihr eigenes Herz stärkt, reinigt und zur vollen Schönheit bringt.

Gott hat Hiob das Leid nicht erspart; er hat ihn hindurch getragen. Und Gott wird das Gleiche für Sie tun. Derselbe Gott, der die »Erde im Nichts« aufhängt (Hiob 26,7), ist der Gott, der Sie hält, wenn Sie das Gefühl haben, dass Sie von Ihren Sorgen übermannt werden.

Wenn Sie sich wie Hiob fühlen, dann erinnern Sie sich daran, dass Gottes Liebe Sie umgibt und erhält. Nichts tastet Ihr Leben an, das nicht zuvor sein Herz zerschnitten hat und durch seine liebende Hand gegangen ist. Vertrauen Sie darauf, dass »seine Werke zu wunderbar [sind], als dass ein Mensch sie begreifen könnte. Er vollbringt unzählige Wunder« (Hiob 9,10). Gott kann und wird Zeichen und Wunder in Ihrem Leben tun, indem er Sie entweder vor Leid bewahrt oder Sie durchs Leid hindurch trägt.

Oft entscheidet Gott sich dafür, uns seine Liebe im Leid zu zeigen. Denn wenn wir zuvor nur ein paar Informationen über ihn hatten, bewegen wir uns im Leid an einen Ort, an dem wir Gott, der uns liebt, tiefer kennenlernen und ganz von ihm abhängen. Danken Sie Gott dafür, dass er Leid gebraucht, um Ihnen zu helfen, ihn und seine Liebe für Sie klarer zu erkennen. Denn wie Hiob am Ende erkennt:

Bisher kannte ich dich nur vom Hörensagen, doch jetzt habe ich dich mit eigenen Augen gesehen.

HIOB 42,5

Psalmen – Gott leitet Sie wie ein Hirte und hört Ihnen zu

Noch heute ziehen Hirten mit ihren Herden über die trockenen Weiten Israels. So wie die Hirten damals kennen auch heute die Hirten ihre Schafe. Sie wissen, was sie verängstigt; sie bemerken es, wenn ein einzelnes Schaf auf Abwege gerät. Sie führen und beschützen ihre Schafe, weil sie ihnen gehören.

David nannte Gott »unseren Hirten«, weil wir Gottes Schafe sind. »Wir sind das Volk seiner Weide und die Herde seiner Hand« (Psalm 95,7; ELB), schrieb er. Und genau wie Schafe brauchen auch wir einen Hirten, der uns führt und beschützt.

Ohne Gottes Führung kommen wir vom Weg ab und verfangen uns in den Disteln des Lebens. Wenn er uns nicht zum Wasser führt, trocknen wir geistlich aus und verlieren unsere Kraft. Ließe er uns alleine, wären wir eine leichte Beute für Lügen und alle bösen Dinge, die unseren Glauben und unser Vertrauen wie Wölfe verschlingen würden.

Gott ist der gute Hirte. Er ist Ihr guter Hirte, der Sie zu sich zieht und über Sie wacht. Er lädt Sie ein, sich auf grünen Auen auszuruhen. Er erquickt Ihre Seele und führt Sie auf sicherem Weg. Und selbst im Schatten des Todes brauchen Sie sich nicht zu fürchten, weil Gott Sie niemals im Stich lassen wird. »Ich [fürchte] mich nicht«, sang der Psalmist, »denn du bist an meiner Seite« (Psalm 23,4).

Ihr guter Hirte sieht Ihre Tränen und hört Ihnen zu. David schrie nicht nur einmal: »Herr, du hörst das Verlangen der Hilflosen. Du schenkst ihnen Gewissheit und leihst ihnen dein Ohr« (Psalm 10,17).

Lassen Sie sich heute vom guten Hirten durch Tiefen oder über Höhen tragen. Reden Sie währenddessen mit ihm. Er kennt, liebt und hört Sie, und er möchte, dass »[seine] Güte und Gnade [Sie] alle Tage [Ihres] Lebens [begleiten]« (Psalm 23,6).

Sprüche – Gott bietet Ihnen kostbare Weisheit an

Der Gott des Universums nennt Sie sein Eigen, sein geliebtes Kind. Und Ihr himmlischer Vater hat allen erdenklichen Reichtum im Überfluss zur Verfügung. Er kann Ihnen alles geben, weil für ihn nichts zu groß oder unerreichbar ist.

Gott könnte Ihnen seine Liebe dadurch zeigen, dass er Sie in Luxus badet, Ihnen ein neues Haus zukommen lässt, Ihre Schulden bezahlt und Sie zur Milliardärin macht. Aber wenn Gott seinem Kind seine Liebe ausdrückt, tut er das, indem er Ihnen etwas weitaus Wertvolleres gibt als Gold; etwas, das kostbarer ist als jeder Edelstein. Er gibt Ihnen Weisheit. Warum? Weisheit schenkt Ihnen »ein langes und zufriedenes Leben« (Sprüche 3,2).

Wenn du weise wirst, dann ist das zu deinem eigenen Vorteil.

SPRÜCHE 9,12

Gott könnte Ihnen alles geben, aber er entscheidet sich für Weisheit. Weisheit ist die Erkenntnis, mit geistlicher Einsicht darüber urteilen zu können, was wirklich bedeutsam ist. Und so eine Weisheit können Sie haben, wenn Sie darum bitten!

So wie Gott Salomo ein weises und »gehorsames Herz« (1. Könige 3,9) gab, als er ihn darum bat, so beugt er sich auch jetzt aus dem Himmel herab, um Ihren Wunsch zu hören. Er wartet nur darauf, auch Ihr Herz mit Weisheit zu füllen. Wenn Sie zu denen gehören, die Weisheit brauchen, dann bitten Sie Gott darum, der allen willig gibt (vgl. Jakobus 1,5).

Gott gibt seinen Kindern die kostbarsten und wertvollsten Geschenke. Das ist der Grund, weshalb er Jesus zu uns schickte – denn Jesus ist »Gottes Weisheit« (1. Korinther 1,24). Gott liebt Sie so sehr, dass er Ihnen nur die besten Geschenke macht – so wie das Geschenk, das kostbarer ist als jeder Edelstein. Danken Sie ihm heute dafür!

Glücklich ist der Mensch, der Weisheit findet und Einsicht gewinnt! Denn der Nutzen der Weisheit ist größer als der Erwerb von Silber und ihr Gewinn ist wertvoller als Gold. Sie ist kostbarer als Edelsteine; und alles, was du dir jemals wünschen könntest, ist mit ihr nicht zu vergleichen.

SPRÜCHE 3,13-15

Prediger – Gott gibt Ihrer Bedeutungslosigkeit Sinn

Wenn wir uns mehr nach dem Gott der Ewigkeit ausstrecken als nach vergänglicher Freude, finden wir den Sinn, nach dem wir uns sehnen. Fragen Sie König Salomo.

Das Buch Prediger enthält Salomos Gedanken, die er sich über sein Leben machte, als er an seinem Lebensabend auf der Terrasse saß, den Sonnenuntergang beobachtete und spürte, dass er nicht mehr lange zu leben hat. Als junger Mann hatte er gute Tage gehabt. Bei der Tempeleinweihung galt seine ganze Hingabe Gott. Aber über die Jahre war er nur noch mit halbem Herzen dabei gewesen, was schließlich dazu führte, dass sein Königreich geteilt worden war. Sicherlich schüttelte er in Erinnerung daran, wie er von einem leidenschaftlichen Gottesdiener zu einem Lebemann geworden war, den Kopf. Seine Genusssucht hatte ihn leer zurückgelassen. Alles war bedeutungslos.

Dabei hat Salomos Vergangenheit durchaus Bewundernswertes zu liefern: Erfolg, Ruhm und Reichtum. Er hatte erwartet, dass er aus diesen Dingen Freude und Lebenssinn ziehen könnte, aber in hohem Alter erkannte er:

Doch als ich alles prüfend betrachtete, was ich mir mit meinen Händen erworben hatte, und die Mühe dagegen hielt, die ich darauf verwendet hatte, merkte ich, dass alles sinnlos war. Es war so unnütz wie der Versuch, den Wind einzufangen. Es gibt keinen bleibenden Gewinn auf dieser Welt.

PREDIGER 2,11

Sie können alles haben, aber wenn Gott nicht dabei ist, bleibt alles bedeutungslos. Deshalb mischte sich Gott in unsere Geschichte ein. Er gab uns Sinn, als er uns sich selbst schenkte. Gott liebt Sie so sehr, dass er Ihnen mehr gibt als Erfolg oder große Gefühle, um die Lücke in Ihrem Herzen zu füllen. Er füllt Ihre Leere mit seinem Frieden, mit Sinn und mit seiner Gegenwart. Und während er das tut, ersetzt er die Bedeutungslosigkeit, die Sie empfinden, mit Bedeutsamkeit. Am Ende kam Salomo zu dieser Erkenntnis:

Als Ergebnis dieser ganzen Gedanken will ich dir Folgendes mitgeben: Bring Gott Achtung entgegen und tu das, was er in seinen Geboten fordert!

PREDIGER 12,13

Sinn stellt sich nicht ein, wenn wir alles bekommen, was wir wollen. Wir finden Sinn, wenn Gott alles wird, was wir brauchen. Wenn wir nur unser Glück suchen, werden wir Frust ernten. Aber wenn wir uns nach Gott ausstrecken, werden wir Bedeutung finden. Suchen Sie ihn mehr als alles andere und Sie werden merken, dass Sie alles haben, was Sie brauchen.

Ihr Leben hat Sinn, wenn Sie Gott in Ihrem Leben haben.

Hohelied – Gottes Liebe lässt Sie ihm nachjagen

Die Braut war schüchtern und verlegen. Aber der Bräutigam sang voller Freude über sie: »Du Schönste aller Frauen« (Hohelied 1,8). Salomo war verliebt und ganz eingenommen von dieser Frau, sodass er dieses Lied schrieb, aber nicht irgendeines, sondern das Lied der Lieder. Salomo hatte mehr als tausend Lieder geschrieben, aber das schönste sang er über die Frau, die er liebte.

Im Hohelied schrieb Salomo die Sehnsucht, die Zuneigung und die Schönheit nieder, die sich auf dem wochenlangen Hochzeitsfest, das ihr gemeinsames Leben einläutete, zwischen Liebenden abspielte: »Wie schön du bist, meine Freundin, wie schön!« (Hohelied 1,15).

»Mein Geliebter gehört mir und ich gehöre ihm«, hallte es in ihrem Herzen wider (Hohelied 2,16). Der Klang seiner leidenschaftlichen Liebe brachte sie dazu, ihm zu vertrauen und sich ihm rückhaltlos zu schenken.

Gott ist der, der Ihre Seele liebt und über Sie wie Salomo singt: »Du bist so schön, meine Freundin, so makellos« (Hohelied 4,7). Sie können seinen liebenden Worten glauben und sich ihm ohne Vorbehalte anvertrauen.

Gott liebt Sie heiß und innig, ohne Ausnahme und ganz persönlich. Er möchte nicht, dass Sie einfach nur an ihn glauben und ihm nachfolgen. Er möchte Sie lieben. Und er zieht Sie zu sich, damit Sie ihn zurücklieben.

Manchmal kommt es uns so vor, als wäre Zeit mit Gott eine Pflichtübung. Aber Gott nimmt die Zeit mit Ihnen ganz anders wahr. Er freut sich darauf. Er hat so viel Freude an Ihnen wie ein Künstler an seinem Gemälde, wie ein Bräutigam an seiner Braut oder eine Mutter an ihrem Neugeborenen.

Deshalb schmückt er Sie »mit einem Banner der Liebe« (Hohelied 2,4).

Ruhen Sie sich in diesem Banner heute aus. Vielleicht sind Sie schüchtern oder befangen, unsicher oder kommen sich wertlos vor. Aber halten Sie sich vor Augen, wie bedingungslos Gott Sie liebt. Er hat Sie »wie einen Siegelring an [sein] Herz« gelegt (Hohelied 8,6). Sie können darauf vertrauen, dass seine Liebe Sie niemals aufgeben wird, weil die Liebe »stark wie der Tod [...] [ist] und ihre Leidenschaft so únentrinnbar wie das Totenreich. Ihre Glut lodert wie Feuer; sie ist eine Flamme des Herrn« (Hohelied 8,6).

Jesaja – Gott offenbart Ihnen den Retter

Wahre Liebe kennt Ihre tiefsten Bedürfnisse und unternimmt alles, um sie zu stillen. Ihr tiefstes Bedürfnis ist das nach einem Retter. Wir brauchen jemanden, der uns unsere Schuld nimmt und uns reinigt und erneuert. Wir können unsere Sehnsucht nicht selbst stillen, daher hat sich Gottes Liebe auf den Weg gemacht und Jesus geschickt.

Mein gerechter Diener [wird] Gerechtigkeit für viele erwirken, denn er wird ihre Sünden auf sich nehmen.

JESAJA 53,11

Gott buchstabiert Liebe so: J-E-S-U-S. Schon siebenhundert Jahre, bevor Jesus überhaupt von seiner verängstigten und verwunderten Mutter in eine Krippe gelegt wurde, zeigte Gott uns, wie er selbst sein würde.

Gott wollte, dass Sie seinen Sohn kennenlernen. Also offenbarte er, dass Jesus aus dem Königshaus Davids abstammen (vgl. Jesaja 11,1), von einer Jungfrau geboren und den Namen »Gott mit uns« tragen wird (Jesaja 7,14) sowie dieser ein großes Licht für die Menschen sein wird, die in Dunkelheit leben (vgl. Jesaja 9,1-2). Jesus – der größte Ausdruck der Liebe Gottes zu Ihnen – ist der »wunderbare Ratgeber, starke Gott, ewige Vater, Friedensfürst« (Jesaja 9,5).

Es fing in einer Krippe an und endete am Kreuz: Gottes Liebe offenbart sich und stillt unsere tiefste Sehnsucht. Gott liebt Sie zu sehr, als dass er aus seinem wunderbarsten Geschenk ein Geheimnis macht. Er bietet Ihnen das Geschenk der Errettung an, die es nur in Christus gibt.

Selbst wenn eure Sünden scharlachrot sind, sollen sie schneeweiß werden. Eure Sünden mögen blutrot sein, doch sie sollen werden wie Wolle.

JESAJA 1,18

Danken Sie Gott für die deutliche Offenbarung seiner Liebe zu Ihnen – für Jesus. Bitten Sie ihn, Ihnen den Retter heute noch einmal ganz neu zu zeigen. Nehmen Sie sich Zeit, um darüber nachzudenken, wovon Gott Sie durch Jesus errettet hat, und danken Sie ihm für dieses ultimative Geschenk.

Ich will von der Gnade, die der Herr uns erwiesen hat, erzählen und der lobenswerten Taten des Herrn gedenken. Denn in allem hat er uns nach dem Maßstab seiner Gnade behandelt.

JESAJA 63,7

Jeremia – Gott sieht Ihre Tränen und gibt Ihnen Hoffnung

Manchmal ist einem einfach nach Weinen zumute, oder? Und wer kann das besser verstehen als jemand, der das in aller Tiefe genau nachempfinden kann? Der Prophet Jeremia wird der weinende Prophet genannt, und von allen Protagonisten des Alten Testaments ähnelt er Jesus am meisten. Der weinende Prophet erinnert uns an das weiche Herz unseres Retters, der bereit ist, sich innerlich berühren zu lassen und wegen der Menschen, die er liebt, Tränen zu vergießen.

Die Zeiten für das Volk Gottes waren dunkel. Sie waren am Boden zerstört, weil Sie als Volk zerstört und zerschlagen worden waren. Sie fanden sich im 70 Jahre andauernden Exil in Babylon wieder und sehnten sich nach Ihrem Zuhause. Sie weinten aus Trauer über das, was sie verloren hatten. In dieser Zeit der Zerstörung predigte Jeremia die herzzerreißende und gleichsam zu Herzen gehende Wahrheit: Die Nation mag auseinanderbrechen, aber Gottes Liebe bleibt bestehen.

Ich habe dich schon immer geliebt. Deshalb habe ich dir meine Zuneigung so lange bewahrt.

JEREMIA 31,3

Gott sah die Tränen seines Volkes – und er sieht auch Ihre Tränen. Er verspricht Ihnen, dass selbst durch den Nebel der Sorgen ein helles Licht der Hoffnung bricht. Ganz gleich, wie stark die Zerstörung und der Verlust auch sein mögen.

Den Menschen zu Jeremias Zeit gab Gott die Hoffnung, dass sie wieder nach Hause zurückkehren würden. Er versicherte ihnen:

Sie werden als großes Volk zurückkehren. Tränen werden ihnen über die Gesichter laufen, unter Flehen bringe ich sie nach Hause. Ich führe sie auf ebenen Wegen zu den Wasserbächen, sodass sie nicht stolpern müssen.

JEREMIA 31,8-9

Selbst wenn Tränen fließen, gibt es Hoffnung. Gott sagt Ihnen genau wie dem Volk Israel damals:

Denn ich weiß genau, welche Pläne ich für euch gefasst habe [...]. Mein Plan ist, euch Heil zu geben und kein Leid. Ich gebe euch Zukunft und Hoffnung.

JEREMIA 29,11

Die Liebe Gottes zeigt sich in Ihren dunkelsten Momenten als ein hoffnungsvolles Licht. Und Hoffnung verwandelt selbst Sorgentränen in Freudentränen. Wenn Sie heute weinen müssen, dann tun Sie es. Und dann schauen Sie auf Gott und nehmen Sie wahr, wie seine Liebe Ihre Tränen abwischt und Ihnen neue Hoffnung schenkt.

Klagelieder –
Gott schenkt
Ihnen jeden Tag
neu seine Gnade

Im sechsten Jahrhundert vor Christus ging die Sonne an jedem Morgen auf, um dieselben alten Träume offenzulegen, die geplatzt waren. Jerusalem war zerstört. Von Salomos prunkvollem Tempel waren nach fast vierhundert Jahren nur noch Schutt und Asche übrig. Die Babylonier hatten zermalmt und geplündert und nichts als Verzweiflung hinter sich zurückgelassen. Immer wenn die Israeliten am nächsten Tag aufwachten, wurden sie von der altbekannten Hoffnungslosigkeit übermannt. Sie trauerten. Sie riefen zu Gott. Sie klagten.

Wir nennen es vielleicht nicht Klagegeschrei, wenn wir vor Kummer oder Trauer aufschreien, aber das ist es, was wir tun – wir klagen. Manchmal sind wir voller Sorgen, wenn ein neuer Tag anbricht. Überwältigt von Verlusten klagen wir, weil wir wieder mit derselben alten Hoffnungslosigkeit konfrontiert werden. Aber Gott begegnet unserer Mutlosigkeit mit neuer Gnade:

Sein Erbarmen hört nie auf, jeden Morgen ist es neu.

KLAGELIEDER 3,22-23

Gott möchte nicht, dass die gestrigen Sorgen neue Verzweiflung in Ihr Leben bringen. Er möchte auch nicht, dass Sie aus vergangenen Siegen Kraft ziehen. Gott gibt Ihnen täglich neue Gnade und diese neue Gnade wird die Quelle Ihrer Kraft sei. Daraus bekommen Sie genau die richtige Portion, die Sie brauchen, um dem zu begegnen, was Ihr Tag auch bringt.

»Von Gottes Güte kommt es, dass wir noch leben«, steht in Klagelieder 3,22 (GNB). Gott ist uns genauso treu wie er den Juden in Jerusalem treu war. Nichts, das ihnen zustieß, konnte Gottes beständige, unvergängliche Liebe zerstören oder verhindern, dass seine Gnade auf sie fiel wie die Mittagssonne.

Ganz gleich, was gestern passiert ist, und egal, was heute geschieht – Sie werden davon nicht besiegt werden. Wenn Sie sich müde und ausgelaugt fühlen, dann verlassen Sie sich auf Gott, der Ihnen täglich neu seine Gnade schenkt. Sagen Sie wie Jeremia zu Ihrer Seele:

Der Herr ist mein Ein und Alles; darum setze ich meine Hoffnung auf ihn.

KLAGELIEDER 3,24; GNB

Hesekiel – Gott erweckt Ihre toten Gebeine zum Leben

Hesekiel war ein junger Mann, als er entwurzelt und nach Babylon verschleppt wurde. Fünf Jahre lang sah er nichts anderes als Verzweiflung. Aber als er dreißig Jahre alt war, fesselte ihn eine Vision, in der er Gottes Herrlichkeit sah, und alles wurde anders. Hesekiel wurde Priester und Prophet. Gott beauftragte ihn, zu den verzweifelten und trotzigen Israeliten zu sprechen, weil sie wissen sollten, »dass ein Prophet unter ihnen war« (Hesekiel 2,5). Denn sie brauchten dringend eine Nachricht von Gott, weil sie sich so elend fühlten:

Unsere Knochen sind vertrocknet, für uns gibt es keine Hoffnung mehr, es ist zu Ende mit uns.

HESEKIEL 37,11

Also führte Gott Hesekiel, den Propheten und Priester, ins Tal der vertrockneten Knochen und stellte ihm eine Glaubensfrage: »Menschenkind, können diese Gebeine wieder lebendig werden?« Hesekiel war so ehrlich zu antworten: »O Herr, mein Gott, […] das weißt nur du« (Hesekiel 37,3).

Manchmal schauen wir auf unser Leben und sehen nur ein Tal voller vertrockneter Knochen. Wir sehen Träume, die gestorben sind, Hoffnungslosigkeit und zerbrochene Beziehungen. Und wie Hesekiel fragen wir uns: Können diese Knochen lebendig werden? Kann all das wieder mit Leben erfüllt werden? Kann Hoffnung wiederhergestellt werden? Können alle Ruinen meines Lebens aufgebaut werden? Kann Gott diese Gebeine wieder zum Leben erwecken? Wir alle erleben Zeiten, in denen alles vertrocknet und tot wirkt. Dann können wir nur eine schwaches »Herr, das weißt nur du« vorbringen.

Gott kennt wahrhaftig die Antwort auf die Fragen, die Ihr Herz stellt, wenn Sie auf Ihr Tal sehen. Gott *ist* die Antwort. Seine Liebe erweckt das zum Leben, was man für immer verloren glaubte. Seine Barmherzigkeit bringt Leben in die Bereiche zurück, die Sie für hoffnungslos halten. Und sein Versprechen an uns heute lautet:

Ich hauche euch Atem ein und mache euch wieder lebendig. Dann werdet ihr erkennen, dass ich der Herr bin.

HESEKIEL 37,6

Öffnen Sie Ihre geistlichen Augen, um zu sehen, dass Gott – und nur Gott allein – Ihr Tal in eine Quelle der Hoffnung verwandeln kann. Bitten Sie ihn, Sie zu neuem Leben zu erwecken.

Daniel – Gott ist im Feuer mit Ihnen

Gott bewahrt uns nicht immer vor schweren Belastungen. Aber er hilft uns durch sie hindurch. Wenn er das tut, erleben wir seine Liebe durch seine Gegenwart.

Die drei Freunde von Daniel sollten eine Statue des Königs Nebukadnezar anbeten – oder den Zorn des Königs zu spüren bekommen und in einen Feuerofen geworfen werden. Sie sagten dem König, dass sie sich nicht verneigen würden, selbst wenn man sie daraufhin in den Ofen werfen sollte, könnte »der Gott, den wir verehren, [wenn er] es will, […] uns ganz bestimmt retten« (Daniel 3,17).

Der Gott, der Sie liebt, ist ebenso in der Lage, Sie aus dem Feuer herauszuretten, in dem Sie sich vielleicht gerade befinden, selbst wenn er sich dazu entscheiden sollte, Sie nicht davor zu bewahren. Denn selbst dann wird er ihnen in seiner Liebe nahe sein. Manchmal nehmen wir Gottes Liebe zu uns am deutlichsten wahr, wenn er sich entscheidet, manche Sorgen und Schmerzen mit uns gemeinsam zu ertragen.

Der König hatte Daniels Freunde in den Feuerofen werfen lassen. Aber ihn schockierte, was er dann sah: »Dort sehe ich vier Männer, ungefesselt, die im Feuer umhergehen. Und sie sind völlig unversehrt!« (Daniel 3,25). Gott selbst hatte sich im Feuer zu ihnen gesellt.

Gott wird auch Sie nicht alleine durchs Feuer gehen lassen. Er steht Ihnen darin bei. Wenn Sie sich heute unter Beschuss fühlen, schauen Sie zur Seite. Sie werden sehen, dass Gott mit Ihnen ist, ganz gleich, womit Sie konfrontiert werden. Er wird genau der »vierte Mann« sein, den König Nebukadnezar sah, als er im alten Babylon ins Feuer blickte. Er wird nicht nur aussehen »wie ein göttliches Wesen« (Daniel 3,25); er ist der Sohn Gottes!

Danken Sie ihm heute für seine große Liebe zu Ihnen, die ihn dazu bringt, Sie durch alles zu begleiten, was Ihnen begegnet. Wenn Gott Sie nicht vor Leid verschont hat, halten Sie Ausschau nach seiner Gegenwart in Ihrem Leid. Gott bewahrt Sie vielleicht nicht davor, das Feuer zu spüren, aber er wird Sie davor bewahren, es alleine ertragen zu müssen. Vertrauen Sie darauf, dass er heute mit Ihnen ist, »denn es gibt keinen Gott, der retten könnte wie dieser!« (Daniel 3,29).

Hosea – Gott geht Ihnen nach

Wir alle wünschen uns eine Liebe, die nicht enttäuscht wird. Aber was, wenn wir denjenigen enttäuschen, den wir lieben? Das könnte das Ende der Liebesgeschichte bedeuten, doch Hosea zeigt uns, dass genau dann die wahre Liebesgeschichte erst anfängt. Der Prophet Hosea heiratete Gomer, eine sexuell freizügige Frau. Sie wäre die Letzte gewesen, die ein Mann sich für die Ehe ausgesucht hätte. Aber Hosea wählte sie. Gomer suchte sich schnell andere Liebhaber. Sie verließ ihren liebenden Ehemann und hatte einen Mann nach dem anderen – bis sie schließlich wie die Sklaven bei einer Versteigerung an den meistbietenden Interessenten ging.

Hosea traf das zutiefst. Er muss sich gedemütigt gefühlt haben. Aber Gott wies ihn an: »Obwohl deine Frau deine Liebe nicht erwidert hat, sondern ständig die Ehe bricht, sollst du sie wieder bei dir aufnehmen und sie lieb haben« (Hosea 3,1; HFA). Hosea befolgte Gottes Auftrag und holte Gomer zurück. Er zahlte einen Preis für sie wie für einen Sklaven, aber er behandelte sie nicht so. Er brachte sie zurück nach Hause und gab ihr die Stellung als geliebte Ehefrau zurück.

Hoseas und Gomers Liebesgeschichte steht für die Liebe, die Gott zu Israel hat, aber sie steht auch für unsere Liebesgeschichte. Gott liebt Sie so sehr, dass er den höchsten Preis gezahlt hat – Jesus –, um Sie aus der Gefangenschaft der Sünde zu befreien und nach Hause zu bringen. Auch wenn wir Gottes Liebe mit Füßen getreten haben, so wie Gomer es mit Hosea gemacht hat, hat Gott nicht die Absicht, uns zu bestrafen, sondern legt uns weiße Kleider bereit. Er sagt – genau wie Hosea zu Gomer – zu jedem von uns:

Ich will dich für immer zu meiner Frau machen. Ich will dich rechtskräftig zu meiner Ehefrau machen und will dir meine unwandelbare Liebe und mein Erbarmen beweisen.

HOSEA 2,21

Sie wurden nicht dafür geschaffen, in Gebundenheit zu leben; Sie wurden auserwählt, um eine geliebte Braut zu sein, sicher in dem Versprechen von Gottes Liebe. Schauen Sie heute in den Spiegel und sehen Sie Gomer ins Gesicht. Sie war die Eine – auserwählt, akzeptiert und geliebt – und das Gleiche gilt auch für Sie. Selbst wenn Sie sich von Gott abgewandt haben, jagt er Ihnen noch immer nach. Öffnen Sie sich heute für Gottes bedingungslose Liebe.

Joel – Gott verwandelt Verluste und verpasste Chancen

Sie waren überall: Ein ganzer Heuschreckenschwarm war über das Land Juda hergefallen. Die Insekten zerstörten alles; die Gärten, die Kornfelder, die Weinberge und die Bäume. Die Lage war so schlimm, dass Joel die Horde Heuschrecken mit einer marschierenden Armee von Soldaten verglich und niedergeschlagen verkündete, dass Gott damit sein heiliges Gericht über die Nation kommen ließ, weil Juda sich von ihm abgewandt hatte. Insofern nutzte Gott die wütenden Insekten, um seine Kinder zu disziplinieren. Liebe kommt oft als Disziplinarmaßnahme daher. Und die ist nicht angenehm. Aber dieselbe Liebe, die uns diszipliniert, stellt uns auch wieder her. Gott sagt:

Ich will euch zurückgeben, was die Heuschrecken, die Grashüpfer, die Raupen und Käfer gefressen haben.

JOEL 2,25

Jeder von uns hat Stellen in seinem Leben, in denen »Heuschrecken« vernichtend am Werk gewesen sind: Verpasste Chancen aufgrund von schlechten Entscheidungen, Fehler, die wir gemacht haben, und Verluste, die uns erdrücken. Oft nutzt Gott solche harten Zeiten, um uns voranzubringen, uns etwas beizubringen und uns zu trainieren. Manchmal sind die Heuschrecken unseres Lebens, die wir für eine schmerzhafte Störung halten, Gottes liebevoller Eingriff. Seine sanfte und selbst seine nicht ganz so sanfte Disziplinierungsmaßnahme schafft in unserem Leben Raum für seinen Geist (vgl. Joel 2,28-29).

Solche Zeiten sind keine Sackgassen; sie können der Weg zu noch größerem Segen werden. Paulus hat das Jahre später so formuliert:

Und wir wissen, dass für die, die Gott lieben und nach seinem Willen zu ihm gehören, alles zum Guten führt.

RÖMER 8,28

Gott ersetzt vielleicht nicht das, was Sie verloren haben, aber er wird das, was Sie verloren haben, erlösen. Selbst Ihr schmerzlichster Verlust, selbst Ihr schlimmster Tag wird von Gott verwandelt werden, weil er alles zum Guten führt. Konzentrieren Sie sich heute nicht auf den Schmerz der Disziplinierung, sondern auf das Versprechen der Befreiung. Sehen Sie nicht auf das, was Sie verloren haben, sondern darauf, wie Gott diesen Verlust verwandeln wird, um Sie noch mehr zu segnen.

Amos –
Gott schützt
Sie, wenn Sie
ungerecht behandelt
werden

Weil Gott die Menschen liebt, hasst er Unterdrückung. Er hasst alles, das Sie übervorteilt. Zu Amos Zeiten waren die Reichen skrupellos und beuteten die Armen aus. Gott selbst sagte über sie:

Sie haben die Schwachen in den Staub getreten und den Unterdrückten ihr Recht vorenthalten.

AMOS 2,7

Gottes vollkommene Liebe wird angesichts solcher Umstände zu feurigem Zorn und richtet sich gegen die, die Benachteiligte ausnutzen. Sowohl Amos als auch Gott wurden wütend auf die, »die Not Leidenden trete[n] und die Bedürftigen in diesem Land vernichte[n]« (Amos 8,4). Es gab Leute, die diejenigen hintergingen, unter Druck setzten und ausbeuteten, die am dringendsten Hilfe brauchten. Sie mischten Spreu unter den Weizen und manipulierten die Skalierungen, um einen höheren Preis verlangen zu können. Und wenn sie Arme einstellten, zahlten sie ihnen keinen fairen Lohn. »Dann versklavt ihr die Armen wegen der Schuld eines Silberstücks oder eines Paars Sandalen«, beschuldigte Gott sie (Amos 8,6).

Liebe sieht nicht über Unrecht hinweg. Sie verschließt nicht die Augen vor den Schutzlosen und Unterprivilegierten. Gottes Gerechtigkeit wird jede einzelne Form von Unterdrückung ahnden. Und nicht nur das: Gott wird uns viel mehr zurückgeben, als uns im Leben genommen werden kann.

»Die Zeit wird kommen«, spricht der Herr, »in der das Korn und die Trauben schneller wachsen, als sie geerntet werden können.«

AMOS 9,13

Mit anderen Worten: Gottes Liebe wird letztlich dafür sorgen, dass sich Gerechtigkeit und Segen in Ihrem Leben ausbreiten – und kein Unterdrücker wird das verhindern können.

Wenn Sie das Gefühl haben, dass das, was Sie in Ihrem Leben gesät haben, zertrampelt oder ausgerissen wurde, bevor überhaupt erst etwas wachsen konnte, dann vertrauen Sie darauf, dass Gottes Kraft größer ist als Ihre Kraftlosigkeit. Beten Sie, dass Sie »Recht fließen sehen wie Wasser und Gerechtigkeit wie einen Fluss, der niemals austrocknet« (Amos 5,24).

Obadja – Gott verteidigt Sie

Mobber und gehässige Mädchen. Wir alle mussten schon mit ihnen klarkommen. Sie tauchen immer wieder auf verschiedene Arten auf. Zum Beispiel dann, wenn egoistische Familienmitglieder das Zuhause kaputt machen oder falsche Freunde über einen lästern. Manchmal benötigen wir einfach einen großen Bruder, einen Beschützer, der das für uns klärt. Im alten Israel nannten sie ihn Jahwe Elohim. Sie kennen ihn als »den Herrn, deinen Gott«.

Die Israeliten rannten um ihr Leben. Sie brauchten Hilfe, deshalb fragten sie ihre Cousins – Menschen aus ihrer Familie, die sich für sie hätten einsetzen sollen. Aber die Edomiter kämpften nicht für die Juden; sie bekämpften sie. Sie wandten sich von ihren Verwandten ab und liefen zum Feind über. Gott sah nicht über Edoms Stolz und Betrug hinweg:

Wegen der Grausamkeiten an deinem Bruder Jakob bedeckt dich Schande und du wirst für immer ausgelöscht werden. Du hast damals daneben gestanden, als Fremde seine Reichtümer fortschafften [...]. Du warst wie einer von ihnen. Du hättest dich nicht über den Unglückstag deines Bruders freuen dürfen. Du hättest an dem Tag, als Judas Söhne untergingen, auch nicht schadenfroh sein dürfen und dein Mundwerk während ihrer Not weit aufreißen sollen am Tag des Unheils.

OBADJA 1,10-12

Manchmal, wenn wir angegriffen werden, ist es gut, sich bewusst zu machen, dass Gott darum weiß und sich kümmert – so etwas macht ihn sogar zornig! Es ist nicht so, dass Gott

Unrecht gutheißt, nur weil er es erlaubt. Er wird für Gerechtigkeit sorgen. Er steht hinter Ihnen.

Das Buch Obadja besteht nur aus einem einzigen kleinen Kapitel – mit einer großen Botschaft: Der Gott, der Sie liebt, kämpft für Sie, selbst wenn es so scheint, als wäre alles gegen Sie. Wenn Sie verletzt sind, weil Sie attackiert wurden oder weil niemand für Sie Partei ergriffen hat, als Sie es am nötigsten gehabt hätten, dann wenden Sie sich an Gott. Er stellt sich auf Ihre Seite und bleibt an Ihrer Seite, ganz gleich was auf Sie zukommt. Und wenn Sie glauben, am Boden zerstört zu sein, dann bitten Sie Jesus, Ihnen innerlich zur Seite zu stehen. Er wird es tun.

Doch du, Herr, umgibst mich mit deinem Schutz, du bist meine Ehre und richtest mich auf.

PSALM 3,4

Jona – Gott gebraucht fehlerhafte Menschen für seine Pläne

Gottes Liebe werden wir nicht los, selbst wenn wir uns winden, uns von ihm losreißen und versuchen vor ihm wegzulaufen! Da brauchen Sie nur Jona zu fragen, den ungehorsamsten Propheten aller Zeiten. Gott beauftragte ihn, seine Nachricht in Ninive zu verbreiten, aber Jona wollte nicht. Daher lief er zum nächsten Hafen und buchte eine Überfahrt auf einem Schiff, das in die entgegengesetzte Richtung ablegte. Gott hatte einen perfekten Plan, aber Jona war ein unperfekter Mann.

Unsere menschliche Schwäche kann niemals Gottes Herrschaft ausbooten. Auf seinem Weg nach Tarsis kam ein heftiger Sturm auf und Jona ging über Bord. Das hätte sein Ende sein können, aber aus Liebe ließ Gott ihn nicht untergehen. Gottes Gnade begegnete Jona in Form einer Riesenmakrele mit mannsgroßem Hunger.

Und Jona betete zum Herrn, seinem Gott, aus dem Bauch des Fisches und sagte: »In meiner Not rief ich zum Herrn und er antwortete mir. Ich schrie zu dir aus dem Totenreich, und du hörtest meine Stimme!«

JONA 2,2-3

Selbst wenn wir von der Route abkommen, die Gott in liebevoller Weise für uns geplant hat, verliert er uns niemals aus den Augen. Nicht einmal für einen Moment. Er wusste, wie und wo er Jona finden würde. Und er weiß auch, wie und wo er Sie und mich findet, wenn wir aus der Bahn ausscheren, die Gott für uns ausgesucht hat. Seine Barmherzigkeit fängt uns ein, wenn wir in Schuld versinken – so wie er es mit seinem zaudernden Propheten getan hat, den er vom Fisch an Land spucken ließ, damit er weiterleben konnte.

Gott hörte nicht auf, einen Mann zu lieben und zu gebrauchen, der immer das Gegenteil von dem tat, was Gott ihm gesagt hatte. Er gab Jona nicht auf und er gibt auch Sie nicht auf. Gott erreichte sein Ziel, die Einwohner Ninives zu retten – trotz des sturen Propheten. Jona schloss:

Die, die falsche Götter anbeten, verzichten auf deine Gnade. Ich aber werde dir mit Dankliedern opfern und meine Gelübde halten. Denn die Hilfe kommt vom Herrn.

JONA 2,9-10

Danken Sie Ihrem vollkommenen Gott für seine vollkommenen Wege und bitten Sie ihn, Sie an seinem Vorhaben heute teilhaben zu lassen.

Micha – Gott lädt Sie dazu ein, mit ihm zu leben

Horchen Sie mal genau hin, dann können Sie ein imaginäres Gespräch zwischen Gott und dem Volk Israel hören. Sie wollten das wissen, was auch wir uns in unseren geheimsten Gedanken fragen: »Wie viel ist ausreichend?« Und: »Bin ich von Gott angenommen?«

Israel stellte zwar die unschuldige Frage »Wie kann ich wieder mit dem Herrn ins Reine kommen?« (Micha 6,6), trieb es dann aber auf die Spitze der Übertreibung:

Hat der Herr Gefallen daran, wenn ich ihm 1000 Widder darbringe oder unermessliche Ströme von Öl? Oder soll ich ihm meinen erstgeborenen Sohn opfern, um mein Unrecht zu sühnen, meine Kinder als Opfer darbringen, um die Schuld meines Lebens wieder gutzumachen?

MICHA 6,7

Es war, als würden sie sich verteidigen. »Ist das gut genug? Ist das deine Forderung? Ist es *das*, was du von uns erwartest?« Weil Gott sie liebte, gab er ihnen – und uns – in einem einzigen Statement zu verstehen, was er erwartet:

Es wurde dir, Mensch, doch schon längst gesagt, was gut ist und wie Gott möchte, dass du leben sollst. Er fordert von euch nichts anderes, als dass ihr euch an das Recht haltet, liebevoll und barmherzig miteinander umgeht und demütig vor Gott euer Leben führt.

MICHA 6,8

Israel hatte nur eine To-do-Liste im Kopf, während Gott sich für ihr Herz interessierte. Liebevolle, barmherzige Menschen, die demütig mit ihm leben, sind das, was Gott sich wirklich wünscht.

Israel wartete auf einen Regelkodex, so wie wir oft auch. Ganz nach dem Motto: »Sag uns einfach, was wir tun sollen.« Aber Gott will Freundschaft und keine festen Regeln. Deshalb lädt er uns ein, mit ihm zu leben. Wenn wir mit ihm unterwegs sind und uns auf seine Liebe statt auf unsere Liste besinnen, dann wird unser Handeln natürlicherweise liebevoll und barmherzig werden. Und das ist es, was Gott sich wünscht, weil es das ist, was uns den meisten Segen bringt.

Gott will keine langen Listen mit Opfern, die wir ihm bringen. Er möchte, dass Sie Ihr Leben mit ihm persönlich teilen. Nehmen Sie seine Einladung dazu heute an.

Nahum – Gott gibt Ihnen Zuflucht in dunklen Zeiten

Für Nahum war jeder Tag ein schlechter Tag. Sein Volk, das einmal voller Stolz und Stärke gewesen war, ließ den Kopf hängen. Die Last der Armut und Scham war zu schwer für sie. Sie hatten ihre Freiheit verloren und waren ihrer Würde beraubt worden. Sie mussten den Assyrern übertrieben hohe Steuern zahlen, nur um das bisschen Freiheit zu behalten, das sie noch hatten. Nahums Prophetenherz wurde beim Anblick des Kalenders, der nie eine Änderung anzeigte, schwer. Kein schnelles Umblättern der Seiten führte zu besseren Tagen. Er brauchte einen Zufluchtsort. Sein Volk brauchte einen Ort, an dem es sich an langen, dunklen Tagen verstecken konnte.

Aber mitten im Kalender der schlechten Tage war der Trost Gottes, des Gottes ihrer Vorfahren, versteckt! Der Prophet fand Zuflucht in Gottes Trost, der auch sein Volk erreichen würde: »Der Herr ist gütig«, rief er aus, »in schweren Zeiten ist er eine feste Zuflucht, und er kennt alle, die bei ihm Schutz suchen [...] Seht nur! Ein Bote kommt mit guten Nachrichten über die Berge! Er bringt eine Friedensbotschaft« (Nahum 1,7; 2,1).

Egal, was im Kalender Ihres Lebens steht ob Schwierigkeiten, Sorgen oder Angst: Gott überschreibt jeden Tag mit seiner Zuflucht und seinem Trost. Er kümmert sich um seine Menschen und tröstet sie. Sie brauchen keine Angst zu haben. Gott hat Sie nicht vergessen.

Die Assyrer wurden schließlich in die Knie gezwungen und ihre »ständige Bosheit« hatte ein Ende (vgl. Nahum 3,19). Auch wir können in der Wahrheit Trost finden, dass Gott letzten Endes das Böse straft und es niemals übersieht, wenn seine Kinder falsch behandelt werden.

Brauchen Sie Gottes Trost an diesem Tag? Schauen Sie auf ihn, der Ihr Trost und Ihre Zuflucht in schweren Zeiten ist. Es werden bessere Tage kommen. Die Lage wird sich ändern. Unsere Schritte durch die kommenden Monate und Tage unseres Lebens sind dann wie »die Schritte dessen auf den Bergen, der eine gute Botschaft von Freude und Frieden […] bringt« (Jesaja 52,7).

Bitten Sie Gott, heute Ihre Zuflucht zu sein. Halten Sie nach seinem Frieden Ausschau, der Ihren Tag erfüllen und zu Ihrem Trost werden kann.

Habakuk – Gott richtet Sie wieder auf

Das Leben ist voll von Krisen – Ungerechtigkeit und Einsamkeit ziehen uns den Boden unter den Füßen weg und wir wissen nicht mehr aus noch ein. Habakuk befand sich in einer solchen Krise und schüttete sein Herz bei Gott aus:

Wie lange noch, Herr, soll ich um Hilfe schreien, ohne dass du mich hörst? [...] Das Gesetz findet bei uns keine Beachtung mehr und es werden keine gerechten Urteile gefällt. Die Bösen umzingeln die Unschuldigen und das Recht wird in Unrecht verdreht.

HABAKUK 1,2.4

Als Habakuk das Gefühl hatte, in Verwirrung und Frust zu versinken, klammerte er sich an Gott und hoffte auf Antwort. Aber Gott gab ihm etwas Besseres als eine Antwort. Er hellte Habakuks Gemüt auf und schenkte ihm eine neue Sichtweise auf sein Leid, auch wenn Gott ihm das Leid nicht ersparte. Habakuk reagierte darauf folgendermaßen:

Doch auch wenn die Feigenbäume noch keine Blüten tragen und die Weinstöcke noch keine Trauben, obwohl die Olivenernte spärlich ausfällt und auf unseren Kornfeldern kein Getreide wächst, ja selbst wenn die Schafhürden und Viehställe leer stehen, will ich mich trotzdem über meinen Herrn freuen und will jubeln. Denn Gott ist mein Heil!

HABAKUK 3,17-18

Habakuk freute sich nicht, weil sich seine Probleme auflösten; er freute sich, weil er eine andere Perspektive bekommen hatte. Gott richtete seinen niedergeschlagenen Propheten auf und ließ ihn an seiner Seite »wohlbehalten die Berge überqueren« (Habakuk 3,29).

Gott wird das auch für Sie tun. Wenn Sie sich selbst in einer Krise befinden, dann machen Sie es Habakuk nach: Gehen Sie mit Ihren Schmerzen und Sorgen zu Gott. Seien Sie ganz ehrlich zu ihm. Wenn Sie das tun, wird Gott Ihnen seine Perspektive auf die Dinge schenken. Er wird Ihre Stimmung verändern, sodass Sie »wohlbehalten die Berge überqueren«.

Danken Sie Gott dafür, dass er Ihr Gemüt aufhellt, wenn Sie niedergeschlagen sind, und Sie aufrichtet, um Ihre Probleme aus seinem Blickwinkel zu betrachten. Bitten Sie Gott, dass er Sie heute wie Habakuk sehen lässt, dass alles, was Sie brauchen, nicht Antworten auf Ihre Gebete sind, sondern eine Begegnung mit ihm. Denn Gottes Gegenwart ist bei weitem wertvoller als Antworten.

Zefanja – Gott singt voller Freude über Sie

Es gibt etwas an Ihnen, das Gott zum Singen bringt – zum Singen über Sie! Er freut sich an Ihnen. Gott liebt Sie, wie nur ein perfekter Vater sein Kind lieben kann. Das zeigt sich daran, dass er fröhlich und voll Freude ist, wenn er an Sie denkt.

Der Herr, dein starker Gott, der Retter, ist bei dir. Begeistert freut er sich an dir. Vor Liebe ist er sprachlos ergriffen und jauchzt doch mit lauten Jubelrufen über dich.

ZEFANJA 3,17

Viele – vielleicht sogar die meisten von uns – denken: Auch wenn Gott uns liebt, so richtig mögen kann er uns nicht. Wir vermuten, dass Gott uns irgendwie aushält, aber nicht, dass er uns wirklich genießt. Wir fragen uns, ob er nicht jeden geheimen Groll aufrechterhält oder permanent wütend auf uns ist wegen unserer Schuld. Wir machen uns Sorgen, dass er eines Tages mitten im Lied einfach aufhört zu singen und abdampft! Aber so ist Gottes Herz nicht.

Denn der Herr hat die Gerichtsurteile, die über dich verhängt wurden, aufgehoben und deine Feinde beseitigt. Der König Israels, der Herr, ist in deiner Mitte und du wirst nichts Böses mehr sehen.

ZEFANJA 3,15

Hören Sie auf die Worte Zefanjas, des strengen Propheten, der sich nicht scheut, Gottes Volk zurechtzuweisen, wenn sie es vermasselt hatten. Und doch besteht er darauf, dass Gott sich an Ihnen freut. Er ist weit davon entfernt, eine Faust zu ballen oder auf Sie zu zeigen. Er singt ein Wiegenlied an Ihrem Bett. Diese Nachtmusik seiner vollkommenen Liebe kann jede Sorge zum Schweigen bringen. Er vertreibt die Unsicherheit, dass Sie seiner Liebe nicht genügen, und besänftigt die innere Angst, dass nur ein Fehler Ihrerseits ihn veranlassen könnte, Sie zu verlassen.

Die Worte des Liebeslieds, das Gott singt, erinnern Sie daran, dass Gott Sie nicht verabscheut; er freut sich an Ihnen. Gott erträgt Sie nicht bloß. Er feiert Sie. Vielleicht sollten Sie heute auf Empfang schalten und seinem Lied zuhören. Dann können Sie im Gegenzug ihm ein Lied singen!

Brich in Jubel aus, Tochter Zion, jauchze, Israel! Sei froh und freue dich von ganzem Herzen, Tochter Jerusalem!

ZEFANJA 3,14

Haggai – Gott selbst wohnt in Ihnen und gibt Ihnen Frieden

Endlich waren sie zu Hause. Die Juden waren im Exil in Babylon gewesen, aber jetzt waren sie wieder in dem Land, das Gott ihnen versprochen hatte. Sie fingen an, den Tempel wieder aufzubauen, verloren dann aber den Mut, ließen sich ablenken und hörten schließlich ganz damit auf.

Der Ort, an dem Gott unter ihnen wohnte, war der Tempel. Und sein Tempel war eine Ruine. Nur Gottes Gegenwart unter ihnen gewährte ihnen den Mut und den Fokus, ausdauernd zu sein und so lange durchzuhalten, bis sie das Ziel der Wiederherstellung des Tempels erreicht hatten. Seine Gegenwart war der Friede, den sie brauchten. Deshalb schoben sie ihre Mutlosigkeit beiseite und nahmen noch einmal das Werkzeug in die Hand, um das Haus Gottes aufzubauen. Gott versicherte ihnen:

Die künftige Herrlichkeit dieses Hauses wird größer sein als seine vergangene Herrlichkeit […]. An diesen Ort werde ich Frieden bringen. Dies sagt der Herr, der Allmächtige!

HAGGAI 2,9

Gottes Friede ist das, was wir am nötigsten brauchen. Und seinen Frieden finden wir in seiner Gegenwart. Gottes Gegenwart kann das Durcheinander aus Angst und Mutlosigkeit auflösen. Sie bahnt uns einen friedlichen Weg, auf dem wir gehen können, wenn wir gegen Hoffnungslosigkeit angehen müssen. Sie hilft uns, uns ihm mit Mut und Einsatzbereitschaft dort zur Verfügung zu stellen, wohin er uns ruft. Seine Nähe lässt uns wissen, dass wir nicht alleine, vergessen oder verlassen sind.

Der zusammengewürfelte Haufen von Leuten zu Haggais Zeiten ging gegen ihre Mutlosigkeit an und baute einen Tempel, damit Gott unter ihnen wohnen konnte. Aber fünf Jahrhunderte später schickte Gott höchstpersönlich den Fürst des Frieden in diesen Tempel: Immanuel – Gott mit uns (vgl. Lukas 2,22-40).

Weil Gott Sie liebt, umgibt er Sie und gibt Ihnen Frieden. Jesus sagte: »Ich habe euch das alles gesagt, damit ihr in mir Frieden habt« (Johannes 16,33). Gott wurde Mensch, um mit Ihnen und mir zu leben. Und weil das so ist, haben wir Frieden. Frieden ist nicht die Abwesenheit von Mutlosigkeit; Frieden ist die Gegenwart Gottes. Bitten Sie Gott, Sie heute zu umgeben, und danken Sie ihm für seinen Frieden.

Sacharja – Gott kündigt sein Kommen an

Durch das ganze Buch Sacharja hindurch flüstert Gott: »Mach dir keine Sorgen, mein Kind. Selbst wenn es sich so anfühlt, als würde deine Welt im Chaos versinken, wird dein Erlöser kommen.« Die Liebe Gottes zu Ihnen hat sich im Sohn Gottes bewiesen, der für Sie gekommen ist. Der Prophet Sacharja hat sein Kommen vorhergesagt:

Juble laut, du Volk von Zion! Freut euch, ihr Bewohner von Jerusalem! Seht, euer König kommt zu euch. Er ist gerecht und siegreich, und doch ist er demütig und reitet auf einem Esel – ja, auf dem Fohlen eines Esels, dem Jungen einer Eselin.

SACHARJA 9,9

Manchmal sind wir verunsichert, weil die Welt so wirkt, als gerate sie außer Kontrolle. Ungerechtigkeit, Gewalt, Angst und Schrecken können uns dazu verleiten, auf bessere Tage zurückzublicken und unsere Augen vor dem Hier und Jetzt zu verschließen. Aber wir haben Grund, nach vorne zu schauen – hin auf bessere Tage. Zum besten Tag überhaupt! Wir können sicher sein:

Wenn dieser Tag kommt, wird der Herr, ihr Gott, sie retten wie ein Hirte seine Herde rettet. Ja, sie werden in seinem Land funkeln wie Edelsteine.

SACHARJA 9,16

So wie die Juden sich auf das Kommen des Messias freuten, so wird auch der Tag kommen, an dem er wiederkommt! An diesem Tag wird er sein Versprechen einlösen:

An jenem Tag wird für die Nachkommen Davids und
die Bewohner Jerusalems eine Quelle geöffnet sein,
die sie von Sünde und Befleckung reinigt.

SACHARJA 13,1

Gottes Liebe verspricht uns, dass dieser Tag kommen wird! Jesus – der Messias, die Hoffnung aller Völker – wird kommen! So wie er nach Jerusalem kam, fünfhundert Jahre nachdem Sacharja vorhergesagt hatte, dass der König »auf einem Esel« einreiten wird, wird er »auf einem weißen Pferd« wiederkommen. Und der, der auf dem Pferd sitzt, wird »der Treue und Wahrhaftige« genannt werden, und »auf seinem Gewand und auf seinem Schenkel [wird] folgender Titel geschrieben [stehen]: König der Könige und Herr der Herren« (Offenbarung 19,11.16).

Gott versprach uns einen Messias – und er schickte Jesus. Gott verspricht, dass Jesus wiederkommen wird – und Jesus wird wiederkommen. Bitten Sie Gott, Sie heute mit seiner Hoffnung und Freude auf »diesen Tag« anzustecken, damit Sie die beruhigende Gewissheit spüren, dass das, was Sie im Moment sehen, nicht alles ist!

Maleachi – Gott überflutet Sie mit seiner Liebe

Geschenke sind ein Weg, anderen unsere Liebe auszudrücken. Israels gesamte Beziehung zu Gott war schon immer auf diesem Prinzip aufgebaut. Gott liebte es, wenn sein Volk ihm etwas schenkte, und er überschüttete sie im Gegenzug auch mit Geschenken. Aber zu Lebzeiten Maleachis hatte dieser Geschenkaustausch auf Seiten der Israeliten seine Aufrichtigkeit eingebüßt. Äußerlich hielten sie weiterhin daran fest, aber es war nicht mehr echt. Sie spulten alles ab, was zur Anbetung Gottes dazugehörte, aber es war bedeutungslos geworden. In ihren Herzen war keine Dankbarkeit mehr und sie geizten mit dem, was sie Gott gaben. Maleachi erklärte:

Der Herr, der Allmächtige, spricht zu euch Priestern, die meinen Namen verachten: »Ein Sohn ehrt seinen Vater und ein Diener achtet seinen Herrn. Ich bin euer Vater und ich bin euer Herr, doch wo ist eure Achtung? Stattdessen verachtet ihr mich! Doch ihr fragt: ›Inwiefern verachten wir dich?‹ Indem ihr unreines Brot auf meinem Altar opfert. Und ihr fragt: ›Wodurch machen wir dich unrein?‹«

MALEACHI 1,6-7

Das Volk, das Gott so sehr liebte, war nicht nur geizig ihm gegenüber, sondern sie reagierten auch wie Teenager, als er sie damit konfrontierte. Doch Gottes Antwort überrascht. Anstatt sie zu bestrafen oder auszuschimpfen, überschüttet er sie mit Segen. Er sagt ihnen immer und immer wieder, dass man ihn testen solle, ob er nicht denen, die ihm von ganzem Herzen mit Liebe und Ehrfurcht begegnen, »die Fenster des

Himmels […] öffnen und [sie] mit unzähligen Segnungen überschütten werde!« (Maleachi 3,10).

Gottes Gaben fließen aus seinem Herzen, das voller Liebe für Sie ist. Selbst wenn Sie sich hin und wieder wie ein undankbares Kind benehmen, hält Gott seinen Ärger zurück und reagiert stattdessen mit Freundlichkeit: »›Ich habe euch geliebt‹, spricht der Herr« (Maleachi 1,2).

Halten Sie daher Ihre Liebe nicht zurück. Öffnen Sie Ihr Herz, um Gott vorbehaltlos zu lieben. Und während Sie Ihr Herz öffnen, wird seine Liebe Sie mit bedingungsloser Annahme überfluten.

Matthäus – Gott wird Mensch, um Sie zu retten

Gottes grenzenlose Liebe zu uns ist unfassbar groß und doch passt sie in eine Krippe.

Und so wurde Jesus Christus geboren. Maria, seine Mutter, war mit Josef verlobt. Aber noch vor ihrer Hochzeit wurde sie, die noch Jungfrau war, schwanger durch den Heiligen Geist.

MATTHÄUS 1,18

Marias Kind wurde in Jerusalem in einer Krippe geboren und durch ihn kam Hoffnung in die Welt.

Die Jungfrau wird ein Kind erwarten! Sie wird einem Sohn das Leben schenken, und er wird Immanuel genannt werden.

MATTHÄUS 1,22-23

Jesus ist Immanuel. Und das bedeutet: Gott ist mit uns. Gott bewies durch Jesus ein für alle Mal, wie viel Sie ihm bedeuten.

Immanuel bedeutet nicht »wir mit Gott«. Immanuel bedeutet, Gott ist mit uns. Gott hat Sie gesucht. Er kam, um Ihnen nachzugehen und Sie zu retten. Er wurde Mensch, um mit uns zusammen zu sein. Er gestattete es sich selbst, als Windelkind »mit uns« zu sein. Er ging in staubigen Sandalen auf einsamen Wegen, er spürte Hunger und Schmerz, um »mit uns« zu sein. Er erlebte Zeiten des größten Tumults und schmeckte das Salz seiner eigenen Tränen am Grab von Lazarus. Denn Stürme zu überstehen und Verluste zu erleiden ist ein Teil davon, »mit uns« zu sein. Seine Hände berührten Leprakranke und sein Rücken trug unser Kreuz, damit er mit uns zusammen sein konnte.

Der Gott, der Sie liebt, ist mit Ihnen. Er kam, um an Ihrer Seite zu sein, weil wir einen Gott brauchen, der »mit uns« ist. Wir sind schlicht nicht dazu in der Lage, mit ihm unseren Lebensweg zu gehen, wenn er nicht bei uns ist. Er stiftet unsere Gemeinschaft mit ihm. Er zieht uns zu sich. In Sanftheit geht er uns nach.

Viele Weltreligionen haben Götter, die wollen, dass »wir mit Gott« sind. Wir sollen arbeiten. Wir sollen uns Mühe geben, ihnen zu gefallen, aufzuräumen, uns anzustrengen, es besser zu machen, weiterzumachen. Dann wird Gott vielleicht auch mit uns sein. Das Christentum bezeugt aber den einen wahren Gott, der sich danach sehnt, mit uns zu sein, und uns einen Weg ebnet, wie wir mit ihm zusammen sein können. Jegliche Forderungen an uns, um in Gottes Nähe sein zu dürfen, wurden von Jesus erfüllt. Durch Christus sind wir mit Gott versöhnt (vgl. Kolosser 1,19-22).

Der Sohn Gottes ist der Menschensohn, der kam, um mit Ihnen Gemeinschaft zu haben, Sie zu finden und zu retten. »Der Menschensohn ist gekommen, um Verlorene zu suchen und zu retten«, steht dazu in Lukas 19,10. Lassen Sie sich auf seine liebevolle Suche nach Ihnen ein und antworten Sie ihm, damit Sie die Barmherzigkeit und Gemeinschaft finden, die Sie sich wünschen.

Markus – Gott stillt den Sturm Ihrer Seele

Es wurde Abend in Galiläa. Jesus hatte den ganzen Tag die Volksmenge gelehrt. Als es anfing zu dämmern, stiegen er und seine Jünger in ein Boot, um ans andere Ufer des Sees zu gelangen. Jesus schlief hinten im Boot ein, »doch bald darauf erhob sich ein heftiger Sturm, und hohe Wellen schlugen ins Boot, bis es fast ganz voll Wasser gelaufen war [...] In ihrer Verzweiflung weckten [die Jünger] ihn schließlich und riefen: ›Lehrer, macht es dir denn gar nichts aus, dass wir umkommen?‹« (Markus 4,37-38).

Manchmal werfen uns die Stürme des Lebens um, und wir haben das Gefühl, von den riesigen Fluten von Stress, Krankheit oder Enttäuschung überwältigt zu werden. Und genau wie die Jünger fragen wir uns, ob es Gott eigentlich kümmert, »dass wir umkommen«. Wir sehnen uns danach, dass Gott den Sturm einfach stillt.

Es gibt keinen Sturm, der mächtiger ist als Ihr Gott. Und er kümmert sich, wenn Sie befürchten, unter den emotionalen Schmerzen zu zerbrechen. Seine Liebe kann Sie mit Frieden erfüllen, selbst wenn er sich entschließt, den Sturm nicht sofort zu stillen. Manchmal lässt er Stürme zu, um Ihnen in den Fluten etwas zu zeigen oder Sie beim Rudern stärker zu machen. Und manchmal nutzt Gott genau den Sturm, von dem Sie glauben, dass Sie in ihm untergehen, um Sie zu läutern und Ihnen tieferes Vertrauen zu schenken. Aber manchmal gebietet Gott auch Stille, und der Sturm legt sich.

Jesus erwachte, bedrohte den Wind und befahl dem Wasser: »Schweig! Sei still!« Sogleich legte sich der Wind, und es herrschte tiefe Stille.

MARKUS 4,39

Gott spricht Ihnen heute seinen Frieden zu. Sein Friede wird »[Ihr] Herz[en] und [Ihre] Gedanken im Glauben an Jesus Christus bewahren« (Philipper 4,7). Wenn die Winde des Lebens Sie heute umwerfen wollen, dann vertrauen Sie darauf, dass Sie in Gottes Frieden fest gegründet sind. Wenn Wellen der Angst, des Zweifels, der Sorgen oder der Überforderung drohen, Sie fortzuspülen und unter sich zu begraben, dann halten Sie sich an ihm fest. Denn er ist mit Ihnen im Boot.

Lukas – Gott sieht Ihre Not und hilft Ihnen

Der Samariter in Lukas' Geschichte war eigentlich nur ein Mann, der unterwegs war – so wie der Priester und der Tempeldiener auch. Sie waren alle beschäftigt, hatten Termine und bestimmte Ziele. Aber dann sahen sie einen Mann, der von Räubern überfallen worden war (vgl. Lukas 10,30). Er war zusammengeschlagen und halbtot am Straßenrand liegengelassen worden – hilflos und ohne Hoffnung. Der Priester und der Tempeldiener wechselten beide »auf die andere Straßenseite« (Lukas 10,31-32), aber der Samariter überwand die Kluft der Vorurteile und »empfand [...] tiefes Mitleid mit ihm. Er kniete sich neben ihn, behandelte seine Wunden mit Öl und Wein und verband sie« (Lukas 10,33-34). Der Samariter ließ es sich Zeit und Geld kosten und riskierte seine eigene Sicherheit und Bequemlichkeit, um einem Menschen zu helfen, der sich selbst nicht helfen konnte.

Gott ist unser »barmherziger Samariter«, wenn wir verletzt und bedürftig sind und uns nicht zu helfen wissen. Wenn wir vom Leben geschlagen wurden, wischt Gottes Freundlichkeit uns die Tränen aus dem Gesicht und verbindet unsere verwundete Seele. Lassen die Lebensumstände uns unserem Eindruck nach halbtot zurück, schenkt uns Gottes Liebe neues Leben – und zwar nicht einfach nur bloßes Überleben; er gibt uns Leben in ganzer Fülle (vgl. Johannes 10,10). Wenn wir verlassen, ungeachtet, übersehen und vergessen sind, sieht uns Gott mit Liebe an. Er kommt zu uns und nimmt uns in sein Herz auf.

Wir alle sind wie der hilfslose Mann am Straßenrand. Wir brauchen Gott, seine Heilung und Hilfe. Daher ist es in Ordnung, wenn Sie sich fühlen, als steckten Sie fest und könnten sich nicht aus eigener Kraft aus dem Sumpf ziehen. Denn das brauchen Sie gar nicht. Gottes Liebe wird Sie finden, Sie mit Liebe umgeben und Ihnen Aussicht auf bessere Tage schenken. David schrieb:

Doch du, Herr, umgibst mich mit deinem Schutz, du bist meine Ehre und richtest mich auf.

PSALM 3,4

Bitten Sie Gott, Sie aufzurichten und die Wunden Ihrer Seele bis in den verborgensten Winkel hinein zu pflegen und zu heilen. Er wird es tun. Denn er liebt Sie.

Johannes –
Gott schenkt
Ihnen ewiges Leben

Jahrelang liebte Jesus die, die nicht liebenswert waren. Er lachte mit seinen Jüngern zusammen und hörte den Bitten der Hilflosen und Verletzten zu. Er überschüttete alle, die ihm sein Herz öffneten, mit Gnade und Vergebung. Er lebte unter uns, »er war voll Gnade und Wahrheit und wir wurden Zeugen seiner Herrlichkeit, der Herrlichkeit, die der Vater ihm, seinem einzigen Sohn, gegeben hat« (Johannes 1,14).

Dann bewegte sich alles dem entsetzlichen, wunderbaren Ende entgegen. Jesus, die liebevollste Person, die je gelebt hatte, betete einsam in einem Garten und fragte Gott, ob es nicht einen anderen Weg gäbe. Aber er wusste, dass es keinen anderen Weg gab, denn er war der Weg. So wie er es Thomas gesagte hatte:

Ich bin der Weg, die Wahrheit und das Leben. Niemand kommt zum Vater außer durch mich.

JOHANNES 14,6

Daher gab Jesus sein Leben für uns hin. Er hing am Kreuz und hielt das Gewicht unserer Schuld in seinen durchbohrten Händen – ob wir nun religiös oder rebellisch, demütig oder hochmütig, skeptisch oder aufrichtig sind. Für jeden von uns ist Jesus gestorben. Auch für Sie.

Sie sind der Grund, weshalb Gott einen Baum wachsen ließ, aus dem schließlich ein Kreuz gemacht wurde. Sie sind für ihn so wertvoll, dass er nicht möchte, »dass auch nur ein Mensch verloren geht, sondern dass alle Buße tun und zu ihm umkehren« (2. Petrus 3,9).

Falls Sie sich fragen, wie sehr Gott Sie wirklich liebt, dann sehen Sie auf das entsetzliche, wunderbare Kreuz, an dem Jesus die Arme ausbreitete, als würde er sagen: »So sehr, so sehr liebe ich dich!«

Die Nachricht des Kreuzes ist: Gott geht jeden Weg, um Sie zu bewahren. Er erträgt jeden Schmerz, um Ihnen Frieden zu ermöglichen. Er erleidet jeden Verlust, um Sie zu retten.

Denn Gott hat die Welt so sehr geliebt, dass er seinen einzigen Sohn hingab, damit jeder, der an ihn glaubt, nicht verloren geht, sondern das ewige Leben hat.

JOHANNES 3,16

Niemand wird Sie jemals mehr oder besser lieben als Jesus. Nehmen Sie die Nachricht des Kreuzes heute neu an, indem Sie sich daran erinnern lassen, wie sehr Sie geliebt sind – tief, aufrichtig und für immer!

Apostel-geschichte – Gottes Geist möchte in Ihnen leben

Die Jünger hatten ihren Meister an einem römischen Kreuz sterben sehen. Einer hatte versucht, ihn vor der Festnahme im Garten Gethsemane zu schützen, andere waren eingeschlafen, während er gebetet hatte, und einer hatte sogar verleugnet, ihn überhaupt zu kennen. Dennoch war Jesus auferstanden und die Jünger hatten ihn wiedergesehen. Jetzt klammerten sie sich aneinander und an seine letzten Worte:

Bleibt hier in Jerusalem, bis der Vater euch sendet, was er versprochen hat. Erinnert euch: Ich habe schon mit euch darüber geredet.

APOSTELGESCHICHTE 1,4

Das versprochene Geschenk war Gottes Geist. Während Jesus noch über die staubigen Straßen Palästinas gelaufen war und gelehrt, geheilt, geliebt und gedient hatte, »war [der Geist] noch nicht gekommen, weil Jesus noch nicht verherrlicht worden war« (Johannes 7,39). Gottes Volk brauchte den Heiligen Geist nicht, weil Jesus Christus höchstpersönlich bei ihnen war. Aber selbst als Jesus gehen musste, wurden sie nicht alleingelassen.

»Am Pfingsttag waren alle versammelt«, als plötzlich ein starker Wind aufkam, und »das Haus [erfüllte], in dem sie versammelt waren« (Apostelgeschichte 2,1-2). In diesem mächtigen Rauschen manifestierte sich der Heilige Geist, den Jesus versprochen hatte. Nachdem Jesus auferstanden war, erfüllte der Heilige Geist die Herzen seiner Nachfolger, um sie von innen heraus zu leiten und zu bevollmächtigen.

Den Heiligen Geist schenkt Gott auch Ihnen als Zeichen seiner Liebe. Wenn Sie Christus vertrauen, kommt er, um in Ihnen zu leben, genau wie bei den ersten Nachfolgern. Er befähigt Sie von innen heraus. Er ist Ihr Ratgeber, Anwalt, Helfer, ein Vertreter Christi und Ihr Lehrer.

Gott lässt Sie nicht allein. Sein Heiliger Geist ist mit Ihnen. Und sein Geist berät Sie, wenn Sie verwirrt sind. Er hilft Ihnen, wenn Sie schwach sind. Er tröstet Sie, wenn Sie traurig sind, und er erinnert Sie an die Wahrheit, wenn Sie von Lügen angegriffen werden.

Hören Sie heute auf die Stimme des Heiligen Geistes, denn Gott hat Sie nicht »verwaist« zurückgelassen; sein Geist ist zu Ihnen gekommen (vgl. Johannes 14,18). Folgen Sie seinem Rat und lassen Sie sich von ihm trösten.

Römer –
Gott sorgt
dafür, dass
Ihnen alles zum
Besten dient

Nichts in Ihrem Leben ist vergeudet. Nichts bleibt eine Sackgasse. Nichts ist völlig vergebens, sinnlos oder fruchtlos. Nichts ist wertlos, weil Gott alles dazu gebraucht, um etwas Gutes daraus zu schaffen. Denn »wir wissen, dass für die, die Gott lieben und nach seinem Willen zu ihm gehören, alles zum Guten führt« (Römer 8,28).

Gott ist der Meister-Töpfer, der nie aufhört, in unserem Leben etwas Gutes zu formen, zu schleifen, zu schaffen und zu fertigen. Er liebt uns und greift in den Schmutz unseres Lebens: in das, was wir für sinnlos und hoffnungslos halten. Er verwandelt das, was wir als wertlos ansehen, in etwas Unbezahlbares. Er findet, dass wir seine Zeit und seine Berührung wert sind. Manchmal haben wir den Eindruck, als wäre unser Leben ein einziges Durcheinander. Aber Gott hat eine andere Sichtweise. Die Dinge, die wir für zu chaotisch, zu dreckig oder zu verloren halten, sind genau die Dinge, aus denen er etwas Wunderschönes macht.

- Die Sorge, die Sie belastet? Gott kann sie in Glauben verwandeln, der Sie hindurch trägt.
- Die Sünde, die Sie beschämt? Gott kann sie nutzen, um Demut wachsen zu lassen.
- Das Scheitern, das Sie bedauern? Gott kann es in Weisheit verwandeln.
- Der Kummer, an dem Ihr Herz zerbrochen ist? Gott kann aus ihm unerschütterlichen Glauben entstehen lassen.

- Die verpassten Gelegenheiten? Gott kann sie dazu gebrauchen, dass Sie seine Gnade widerspiegeln.
- Der Verlust, den Sie nie erwartet hätten? Gott kann aus ihm eine unerklärliche Stärke in Ihnen entwickeln.

Gott nutzt die schlimmsten Dinge in Ihrem Leben, um daraus das Beste für Sie, sein geliebtes Kind, zu machen. Er wird seine Hand nicht von Ihrem Leben abziehen, weil er einen göttlichen Plan für Sie im Kopf hat.

Gott ist darauf spezialisiert, aus alten Dingen etwas Neues zu machen. Er wäscht die größten Flecken unserer Schuld ab, sodass alles schneeweiß wird, und baut aus der Asche unseres Lebens etwas Neues und Wunderschönes. Vertrauen Sie ihm Ihre Sorgen, Ihr Scheitern und Ihre ganze Enttäuschung an und fassen Sie neuen Mut! Der Gott, der Sie liebt, kann das! Und »wenn Gott für uns ist, wer kann da noch gegen uns sein?« (Römer 8,31).

1. Korinther – Gott bringt Ihnen bei, was Liebe ist

Ein gutes halbes Jahrhundert nach Jesu Tod und Auferstehung gründete der Apostel Paulus eine Gemeinde in Korinth in Griechenland. Nachdem er die Gemeinde verlassen hatte, erreichten ihn beunruhigende Nachrichten. Ein paar Leute hatten die Gemeinde aufgestachelt. Sie waren voller Stolz und lagen im Streit mit anderen. Manche von ihnen lebten unmoralisch, andere zogen gegeneinander vor Gericht. Sie stritten, ob sie Speisen zu sich nehmen durften, die fremden Göttern geopfert worden waren, und über Formen der Anbetung.

Die Korinther hatten keine Ahnung, wie sie sich gegenseitig mit Liebe begegnen konnten. Deshalb nahm Paulus Stift und Papier und ermahnte sie – mal mit Nachdruck, immer in Liebe. Er schrieb: »Ich schreibe das nicht, um euch zu beschämen, sondern um euch als meine geliebten Kinder zu warnen« (1. Korinther 4,14). Paulus liebte die Gemeinde in Korinth, obwohl sie nicht die Liebe auslebten, die er und Gott ihnen gezeigt hatten.

Wir sind ebenfalls Gottes Geliebte. Und manchmal verhalten wir uns genau wie die Korinther nicht so liebevoll, wie wir sollten. Aber Gott beschämt uns deswegen nicht; vielmehr zeigt er uns, wie wir lieben können, indem er es uns vormacht. Er sagt zu Ihnen, seinem geliebten Kind:

[Meine] Liebe ist geduldig und freundlich. Sie ist nicht neidisch oder überheblich, stolz oder anstößig. Die Liebe ist nicht selbstsüchtig. Sie lässt sich nicht reizen, und wenn man ihr Böses tut, trägt sie es nicht nach. Sie freut sich niemals über Ungerechtigkeit, sondern sie freut sich immer an der Wahrheit. Die Liebe erträgt alles, verliert nie den Glauben, bewahrt stets die Hoffnung und bleibt bestehen, was auch geschieht.

1. KORINTHER 13,4-7

Gott zeigt Ihnen, wie man liebt, indem er Sie liebt. Er liebt Sie geduldig und freundlich. Er liebt Sie, indem er Sie niemals aufgibt oder Sie stehen lässt. Gott liebt Sie vollkommen, weil er die Liebe ist. Gott macht durch seine Liebe aus Individuen mit allen möglichen Unterschieden eine facettenreiche Familie, die zusammenhält. Gottes Liebe hilft uns, Trennungen zu überwinden und über Differenzen hinwegzusehen. Seine Liebe fordert niemals Uniformität, führt aber immer zur Einheit.

Gott bringt uns bei, was Liebe bedeutet, weil er uns zutiefst liebt. Er zeigt uns, wie wir lieben können, damit wir auf diesem Weg gehen und anderen die Liebe weitergeben können, die wir von ihm bekommen haben. Daher »lasst uns einander lieben, denn die Liebe kommt von Gott« (1. Johannes 4,7).

2. Korinther –
Gott tröstet Sie

Manchmal kann einem das Leben wie ein langer Winter vorkommen. Voller Einsamkeit, die uns heimsucht, und Kummer, der uns mutlos werden und innerlich auskühlen lässt. Aber dann überrascht uns Gottes Liebe wie eine Frühlingsbrise und berührt die tiefsten Wunden unserer Seele. Gottes Trost verdrängt alle Angst und Sorgen mit der Wahrheit, dass wir diese Dinge überwinden werden, weil Gott uns hindurch trägt.

Paulus kannte diesen Trost. Er schrieb noch einmal an seine Brüder und Schwestern in Korinth, und dieses Mal ließ er sich dabei in die Seele blicken. Das Pergamentpapier war wahrscheinlich von Tränen durchnässt, weil ihm diese Gemeinde, in die er eineinhalb Jahre seines Lebens investiert hatte, so am Herzen lag. Nirgendwo sonst berichtete Paulus von seinem persönlichen Leid so wie in diesem Brief. Und das tat er nicht, um sich zu beklagen, sondern um auf den Trost Gottes hinzuweisen.

Gepriesen sei Gott, der Vater von Jesus Christus, unserem Herrn. Er ist der Ursprung aller Barmherzigkeit und der Gott, der uns tröstet. In allen Schwierigkeiten tröstet er uns, damit wir andere trösten können. Wenn andere Menschen in Schwierigkeiten geraten, können wir ihnen den gleichen Trost spenden, wie Gott ihn uns geschenkt hat.

2. KORINTHER 1,3-4

Gott ist auch die Quelle Ihres Trostes. Er tröstet Sie, weil er Ihr barmherziger Vater ist, der zutiefst betroffen ist, wenn Sie verletzt sind. Er sieht Ihre Tränen, hört Ihr Rufen und spürt Ihren Schmerz.

Das Leben ist chaotisch. Nichts kann den Schmerz verhindern, den das Leben auf diesem Planeten mit sich bringt. Aber auch nichts ist mit dem Trost zu vergleichen, den Gott seinen Kindern zukommen lässt. Er sagt Ihnen: »Ich selbst werde euch trösten, wie eine Mutter ihr Kind tröstet« (Jesaja 66,13).

Wir erfahren Gottes Liebe, wenn er uns tröstet, und wir drücken Gottes Liebe aus, wenn wir anderen »den gleichen Trost spenden, wie Gott ihn uns geschenkt hat« (2. Korinther 1,4). Wenn Trauer oder Sorgen Ihnen den Mut geraubt haben und Ihre Seele wehtut, dann suchen Sie nach jemandem, der heute wärmenden Trost braucht. Wenn Sie diesen Menschen trösten, dann spüren Sie den Trost, den Gott wie eine Decke um Sie legt und der Ihre Verzweiflung mit seiner Liebe und Hoffnung zudeckt.

Galater –
Gott befreit Sie

Das Thema Freiheit findet sich in jedem Buch und auf jeder Seite der Bibel. Aber nirgendwo sonst läuten die Freiheitsglocken lauter und schöner als im Buch der Galater. »Zur Freiheit hat Christus uns befreit!« (Galater 5,1; LUT). Gottes Liebe hat Sie von Verurteilung und Verirrung befreit, vom Fluch der Schuld und von der Lüge, dass Sie noch irgendetwas tun müssen, um von Gott angenommen zu werden.

Diese Freiheit kostet uns nichts, weil sie Jesus alles gekostet hat. Gott liebt Sie so sehr, dass er Ihre Freiheit ein für alle Mal am Kreuz erkauft hat. Als Christus starb und wieder auferstand, war die Rechnung für Ihre ewige Freiheit komplett bezahlt. Sie schulden niemandem auch nur einen Penny und müssen auch nicht mehr mit einer Strafe rechnen. Sie sind nicht mehr an die Schuld gebunden, die Sie anklagen und runterziehen will. »Wir [können] Gottes Verheißung nur empfangen, indem wir an Jesus Christus glauben« (Galater 3,22). Gott hat Sie durch seinen Sohn Jesus befreit, und »wenn der Sohn euch frei macht, seid ihr wirklich frei« (Johannes 8,36).

Vielleicht haben Sie das Gefühl, dass Sie gerade von einer bestimmten Gewohnheit oder einem bestimmten Denkmuster noch nicht loskommen. Vielleicht fühlen Sie sich von Ihrer Vergangenheit oder der Meinung anderer abhängig. Vielleicht schauen Sie auf Ihr Leben und erkennen immer noch schemenhaft einige Fesseln, die Sie an ein Gefühl der Niederlage und Mutlosigkeit gebunden haben. Aber in Ihrem Geist hören Sie den Klang der Freiheitsglocke. Es ist die Melodie der Freiheit, die Sie aufrüttelt. Das wollte Paulus den Galatern vermitteln: »Ihr seid frei!«

Sorgt nun dafür, dass ihr frei bleibt und lasst euch nicht wieder unter das Gesetz versklaven.

GALATER 5,1

Der Gott, der Sie befreit hat, möchte, dass Sie auch frei bleiben: Frei, um ihm zu folgen und in seiner Liebe zu leben. Es gibt für Sie keine Bindung mehr, die stärker ist als seine Liebe zu Ihnen. Und seine Liebe hat Sie frei gemacht. Also lassen Sie alle Stricke los, von denen Sie denken, dass sie noch zu Ihnen gehören, und folgen Sie stattdessen dem Klang der Freiheit. Lassen Sie diesen Klang heute in sich nachhallen und hören Sie genau hin, »denn die Macht des Geistes, der Leben gibt, hat [Sie] durch Christus Jesus […] befreit« (Römer 8,2).

Epheser – Gott badet Sie in Gnade

Gott schenkt Ihnen Gnade, weil Sie für ihn ein kostbares Geschenk sind. Gnade ist wie ein unerwartetes Lächeln Gottes, wie wertschätzende Worte, die wir nicht verdient haben, wie eine Willkommensumarmung, die uns nicht zusteht. Gnade zeigt sich nicht dann, wenn wir alles richtig machen, und verschwindet auch nicht, wenn wir falsch liegen. Sie arbeitet nicht mit Listen voller Forderungen oder einer Litanei an Wünschen. Gnade vergibt dem Schuldigen und schützt den Unwürdigen. Gnade erhebt für uns die Stimme, selbst wenn wir uns von Gott abgewandt haben.

Gott badet uns nicht in seiner Gnade, weil wir es verdient hätten, sondern weil seine Liebe es so will. Und das ist das Wesen der Gnade: Sie ist unverdient.

Wir hätten in unserer Sünde dahinsiechen können. Aber Gott umgibt uns stattdessen mit Gnade. »Weil Gott so *gnädig* ist, hat er euch durch den Glauben gerettet. Und das ist nicht euer eigenes Verdienst; es ist ein Geschenk Gottes« (Epheser 2,8; Hervorhebung durch die Autorin). Gnade gibt uns einen winzigen Einblick in das, was »das ganze Ausmaß seiner Liebe« ist (Epheser 3,18). Gnade hilft uns, zu erkennen, dass es in Jesus »eine Liebe [gibt], die größer ist, als ihr je begreifen werdet. Dadurch wird euch der Reichtum Gottes immer mehr erfüllen« (Epheser 3,19).

Schon bevor Gott Berge und Regentropfen erschuf und seine Hände tief in den Schmutz Edens grub, um die Menschen zu machen, »hat Gott uns aus Liebe dazu bestimmt, vor ihm heilig zu sein und befreit von Schuld. Von Anfang an war es sein unveränderlicher Plan, uns durch Jesus Christus als seine

Kinder aufzunehmen, und an diesem Beschluss hatte er viel Freude« (Epheser 1,4-5).

Noch bevor Gott die Entscheidung traf, die Erde zu erschaffen, beschloss er etwas anderes: Sie zu lieben und »durch Jesus Christus als sein Kind« aufzunehmen. Die Gnade Jesu ist die Brücke, die Sie zu Gott bringt und Ihnen einen Platz in Gottes Herzen schafft. Aus Gnade sind Sie gerettet und gerechtfertigt worden und durch Gnade allein kommen Sie tief in Ihrer Seele zur Ruhe. Nehmen Sie seine Umarmung und sein unerwartetes Lächeln an und lassen Sie sich von seiner Vergebung reinwaschen. Er wünscht sich nichts mehr, als Sie in seiner Gnade zu baden. Genießen Sie daher heute seine Gegenwart und seine unerklärliche Gunst.

Philipper – Gott erfüllt Sie mit Freude

Freude ist wie ein Samen, den Gott in die Herzen seiner Kinder streut, damit die feste Gewissheit seiner Nähe in unserem Leben aufblühen kann. Sie ist die Frucht seines Geistes in uns. Wie ein Frieden, ein stiller Frohsinn, ein inneres Wohlergehen breitet sie sich aus und gibt ihre Wärme an die Umwelt ab. Sie ist eine Fröhlichkeit, die sich auf Gottes unerschütterliche Liebe gründet. Freude kichert manchmal, manchmal seufzt sie. Freude ist nicht immer der große Lachanfall, aber sie hat immer ein wissendes Lächeln auf den Lippen. Freude ist eine von Gottes Arten, uns zu lieben. Wir können seine Freude spüren, selbst wenn uns größter Kummer bedrückt. Wir entscheiden uns, die Freude, die Gott uns gibt, dadurch anzunehmen und auszudrücken, dass wir uns selbst freuen.

Freut euch im Herrn. Ich betone es noch einmal:
Freut euch!

PHILIPPER 4,4

Das schrieb Paulus der Gemeinde in Philippi. Und diese Worte äußerte er nicht leichtfertig, als eitel Sonnenschein herrschte; er schrieb sie aus dem Gefängnis heraus. In seinem Brief berichtete er von Menschen, die ihn enttäuscht hatten, aber er hielt dennoch an der Freude fest. Er erklärte, dass nicht alles so geworden war, wie er sich das erhofft hatte, und dass er verlassen war, aber er dennoch nicht aufhören würde, sich an Gott zu freuen. Paulus erzählte, wie er alles verlor, was er hatte, aber seine Freude ging ihm nicht verloren. Er beschrieb, in welch harten Umständen er war, aber er hatte immer noch Freude.

Sie haben dieselbe Freude, wenn Sie Jesus haben. Menschen werden Sie enttäuschen. Umstände werden schwer zu ertragen sein und Pläne werden sich ändern, aber Ihre Freude ist nicht davon abhängig, was Sie durchmachen; sie hängt von dem ab, der Sie liebt! Gott liebt Sie zutiefst und er äußert seine Liebe dadurch, dass er Ihnen seine Freude schenkt. Lassen Sie sich von der Freude des Psalmisten anstecken:

Du hast meine Trauer in einen Tanz voller Freude verwandelt. Du hast mir die Trauergewänder ausgezogen und mir Freude geschenkt.

PSALM 30,12

Bitten Sie Gott, dass er seine »herrliche, unaussprechliche Freude« (1. Petrus 1,8) in Ihnen entfacht! Und dann freuen Sie sich, ganz gleich was passiert!

Was immer auch geschehen wird, liebe Freunde,
freut euch im Herrn.

PHILIPPER 3,1

Kolosser – Gott macht Sie vollkommen

Gott macht keine halben Sachen. Er liebt Sie zu sehr, als dass er Sie in diesem Leben an irgendetwas Mangel leiden ließe. Wenn Sie ihm Ihr Herz geben, gibt er sich Ihnen ganz und bringt Sie »in ihm zur Fülle [...]. Er ist das Haupt jeder Gewalt und jeder Macht« (Kolosser 2,10; ELB).

Manchmal nagt an uns die Angst, dass uns etwas fehlt – in uns selbst, in unserer Erfahrung oder in unseren Bemühungen. Die Christen in Kolossä spürten das gleiche Ziehen, daher schrieb Paulus an sie:

Denn ich möchte, dass sie ermutigt werden und in Liebe miteinander verbunden sind. Ich wünsche mir, dass sie absolutes Vertrauen haben, weil sie das Geheimnis Gottes – das ist Christus – in seiner ganzen Größe erkennen und verstehen.

KOLOSSER 2,2

Man hatte den Kolossern erzählt, dass sie mehr als nur Jesus bräuchten. Sie waren von »irgendwelche[n] Gedankengebäude[n] und hochtrabende[m] Unsinn« verwirrt und beunruhigt worden, »die nicht von Christus kommen!« Aber Paulus schreibt ihnen zu diesen Gedankengebäuden:

Sie beruhen nur auf menschlichem Denken und entspringen den bösen Mächten dieser Welt.

KOLOSSER 2,8

Wir fühlen uns manchmal genauso, weil auch wir von allen möglichen Dingen hören, die wir noch tun oder verbessern oder denken könnten. Und das kann dazu führen, dass wir uns fragen, ob wir noch etwas mehr tun, verbessern oder denken sollten, um unser Glaubensleben und uns selbst zu vervollständigen. Aber Jesus, Gottes vollkommenes Geschenk der Liebe, hat Sie bereits vollkommen gemacht. Sie brauchen keine Gesetzlichkeit, Philosophie oder Mystik, um Ihre geistlichen Erfahrungen zu perfektionieren. Sie benötigen auch keine extra Portion Weisheit oder besonderes Geheimwissen, denn Gott hat Sie in Christus bereits vervollständigt, in dem »alle Schätze der Weisheit und Erkenntnis verborgen« liegen (Kolosser 2,3).

Wenn Sie Christus in Ihr Leben aufgenommen haben, hat Gott Sie vollkommen gemacht. So wie ein gesunder Mensch keine Medizin braucht, brauchen auch Sie nichts weiter. In diesem Leben mangelt es Ihnen an nichts, wenn Sie Jesus haben. Sie sind erfüllt, ausgefüllt und vollständig.

Als Jesus am Kreuz starb, sah er Sie und liebte Sie. Als Sie in seinen Gedanken waren, sprach er diese letzten Worte: »Es ist vollbracht« (Johannes 19,30). Und als er das sagte, meinte er das auch so – es ist abgeschlossen, fertig. Es gibt nichts hinzuzufügen. »Wie ihr nun Christus Jesus als euren Herrn angenommen habt, so lebt auch mit ihm und seid ihm gehorsam« (Kolosser 2,6), rät Paulus den Kolossern. Leben auch Sie in totaler Abhängigkeit von Jesus, dann erfahren Sie die Vollkommenheit, die er Ihnen gibt.

1. Thessalonicher – Gott kommt wieder, um Sie nach Hause zu holen

Ein bestimmter Tag wird kommen. Ein außerordentlicher Tag. Ein Tag, an dem Gott sich zu seinem Sohn hinüberlehnt und ihm ins Ohr flüstert: »Es ist Zeit, deine Braut abzuholen.« Das ist der Tag, an dem Jesus, der Sie über alles liebt, den Himmel aufreißt und herabsteigt, um Sie in die Wolken hinaufzuheben und nach Hause zu bringen.

Denn der Herr selbst wird mit einem lauten Befehl, unter dem Ruf des Erzengels und dem Schall der Posaune Gottes vom Himmel herabkommen. Dann werden zuerst alle Gläubigen, die schon gestorben sind, aus ihren Gräbern auferstehen. Und mit ihnen zusammen werden auch wir Übrigen, die noch auf der Erde leben, auf den Wolken hinaufgehoben werden in die Luft, um dem Herrn zu begegnen und in Ewigkeit bei ihm zu bleiben.

1. THESSALONICHER 4,16-17

Jesus erschien zuerst als Kind, das Maria in den Armen hielt. Aber eines Tag wird er wiederkommen, und dieses Mal wird er Sie in seinen Armen halten. *Für immer*. Jesus selbst gab uns dieses Versprechen:

Wenn dann alles bereit ist, werde ich kommen und euch holen, damit ihr immer bei mir seid, dort, wo ich bin.

JOHANNES 14,3

An manchen Tagen blicken Sie möglicherweise in den Himmel und wünschen sich, dass »dieser« Tag schon da wäre. Sie hoffen, dass er schnell kommt. Nicht nur, weil wir uns danach sehnen, mit Jesus zusammen zu sein, sondern weil wir endlich ohne die Sorgen, den Stress und den Schmerz leben wollen, denen wir hier auf der Erde einfach nicht entkommen können. Wenn Sie »diesen Tag« kaum erwarten können, dann lassen Sie sich damit trösten:

Gott, der euch berufen hat, ist treu; er wird halten, was er versprochen hat.

1. THESSALONICHER 5, 24

Jesus wird zu Ihnen zurückkehren. Er wird zu Ihnen kommen, weil Sie ihm gehören. Sie sind sein geliebtes Kind. Vertrauen Sie darauf, dass er Sie durch jeden Tag Ihres Lebens hindurch trägt, bis er wiederkommt, um Sie nach Hause zu holen. Denn »wir dagegen, die im Licht leben, wollen einen klaren Kopf behalten. Wir wappnen uns mit Glauben und Liebe und schützen uns mit der Hoffnung auf Erlösung« (1. Thessalonicher 5,8).

2. Thessalonicher – Gott bleibt an Ihrer Seite, wenn Sie verfolgt werden

Gottes Liebe zu uns ist gewaltig. Er wird uns nicht im Stich lassen und nicht von unserer Seite weichen. Dennoch lässt es seine Liebe zu, dass wir leiden – und damit hatten die Christen in Thessaloniki zu kämpfen. Deshalb schrieb Paulus erneut einen Brief, in dem er den ermüdeten Gläubigen schrieb, wie stolz er den anderen Gemeinden davon berichtet »wie geduldig ihr alle Verfolgungen und Schwierigkeiten ertragt und dennoch an eurem Glauben festhaltet« (2. Thessalonicher 1,4).

Die Gläubigen in Thessaloniki wurden verfolgt und hielten trotzdem an ihrem Glauben fest. Die Verfolgung war kein Beweis dafür, dass sie Gott nicht wichtig waren oder etwas falsch lief; vielmehr sind die Verfolgungen »ein Anzeichen des gerechten Gerichts Gottes, dass ihr des Reiches Gottes gewürdigt werdet, um dessentwillen ihr auch leidet« (2. Thessalonicher 1,5; ELB).

Das ist die harte Seite der Liebe Gottes, die wir zu spüren bekommen, wenn Gott Sorgen oder Verfolgung als Nachweis dafür gebraucht, für wie wertvoll er uns erachtet. Manchmal tut seine Liebe so etwas. Sie erlaubt uns, die Tiefe von Schmerz auszuhalten, um zu beweisen, wie stark Gottes Kraft in uns ist.

Aber wenn Belastungen oder Verfolgung unser Herz brechen, wird Gott sich um uns kümmern. Er war bei den Christen in Thessaloniki, und er ist auch bei uns. Wir können uns darauf verlassen: Er wird, »weil er gerecht ist, alle strafen, die euch jetzt verfolgen« (2. Thessalonicher 1,6).

Gottes Liebe äußert sich nicht nach dem Motto: Wir gegen die anderen. Aber Gott passt auf die Menschen auf, die ihn lieben, und sorgt wie ein perfekter Vater für sie. Er sieht nicht darüber hinweg, wenn seine Kinder misshandelt werden. Zu »seiner Zeit« wird er alles für seine Kinder zurechtrücken, denen Unrecht getan wurde. Wenn Sie heute vor Schwierigkeiten stehen, dann bitten Sie ihn, dass er Ihr »Herz[en] auf die Liebe zu Gott« ausrichtet (2. Thessalonicher 3,5), und dann vertrauen Sie ihm Ihr Herz an, denn er passt gut auf Sie auf.

1. Timotheus – Gott verleiht Ihnen eine hohe Berufung

Seit der Kreuzigung und Auferstehung Jesu waren nun 30 Jahre vergangen. Gemeinden entstanden im gesamten Weltreich der Römer. Der Apostel Paulus wanderte von Ort zu Ort wie ein begnadeter Gärtner. Er pflügte den Herzensboden der Menschen und pflanzte die Wahrheit des Evangeliums tief in Ihr Inneres ein – mit dem Ergebnis, dass die Gemeinden wuchsen. Jetzt musste Paulus andere ausbilden und ihnen die Betreuung des Gartens anvertrauen.

Also wandte er sich an Timotheus, einen jungen Griechen, den er als Mentor begleitet hatte und der für ihn »durch den Glauben wie ein eigenes Kind« war (1. Timotheus 1,2). Gott hatte Timotheus eine hohe Berufung gegeben und Paulus schrieb ihm einen Brief, in dem er ihn ermutigte, diese hohe Berufung auch auszuleben. »Vernachlässige die geistliche Gabe nicht«, erinnerte er ihn (1. Timotheus 4,14).

Gott hat auch Ihnen eine hohe Berufung anvertraut, nämlich andere so zu lieben und zu leiten, wie er Sie liebt und leitet. Weil Gott Sie liebt, fördert er Sie darin, auf seinen Wegen zu gehen. Und er gibt Ihnen all die Ermutigung, die Sie brauchen, damit »alle Christen von der Liebe erfüllt sind, die aus einem reinen Herzen kommt, aus einem guten Gewissen und aufrichtigem Glauben« (1. Timotheus 1,5).

Zu einer hohen Berufung gehört oft auch eine Last der Verantwortung. Aber Paulus sagte Timotheus, dass es Christus war, »der mich stark gemacht, als vertrauenswürdig erachtet und zu seinem Dienst berufen hat« (1. Timotheus 1,12).

Sie haben die hohe Berufung, Ihr Leben für Gott zu öffnen und sich mit seinem Leben und seiner Liebe füllen zu lassen. Weil Gott Ihr Leben so wertschätzt, gibt er Ihnen sein Leben, damit Sie es an andere weitergeben. So wie Paulus ein Mentor für Timotheus war und ihn dahin führte, dass dieser seiner Berufung gerecht werden konnte, haben Sie die ehrenhafte Aufgabe, Gott zu lieben und andere zu leiten, damit sie das Gleiche tun.

2. Timotheus – Gott gibt Ihnen Kraft

Manchmal türmt sich Angst vor einem auf wie der Mount Everest! Wie ein gewaltiger, unbeweglicher Berg, der uns erdrückt und sogar lähmt, wenn wir darüber nachdenken, wie wir ihn überwinden können. Manchmal scheint die Angst größer zu sein als unser Glaube. Dieser Berg kann so groß und überwältigend wirken, dass wir davon überzeugt sind, ihn niemals bezwingen zu können.

Angst ist ein mächtiges Gefühl, das uns unsere Schwäche, Unsicherheit und Machtlosigkeit bewusst macht. Sie kann uns kalt erwischen und uns einreden, dass Gott uns weder liebt noch uns zur Seite stehen wird. Aber Gottes Liebe ist größer als jeder Berg und seine Macht wird uns zum Sieg verhelfen.

Das war die Nachricht, die Paulus' junger Freund Timotheus laut und deutlich hören sollte. Und ganz gleich, was Ihnen begegnet, Gottes Geist bietet auch Ihnen diese Kraft an, mit der Sie der Angst begegnen können, die sich vor Ihnen auftürmt:

Denn Gott hat uns nicht einen Geist der Furcht gegeben, sondern einen Geist der Kraft, der Liebe und der Besonnenheit.

2. TIMOTHEUS 1,7

Gott, der Sie liebt, gibt Ihnen Kraft, Liebe und Selbstüberwindung. Deshalb können Sie es mit Ihrem Berg aufnehmen und ihn ausgerüstet mit Mut überwinden. Denn Gottes Macht verleiht Ihrem Mut Muskeln. Gottes Kraft in Ihnen schenkt Ihnen die Fähigkeit, Ihren Berg zu bezwingen und »stark durch die Gnade, die Gott [Ihnen] in Christus Jesus schenkt«, zu sein

(2. Timotheus 2,1). Gottes Liebe ist der Treibstoff für Ihren Mut. Seine unvergängliche, bedingungslose Liebe macht Sie mutig, »weil die vollkommene Liebe alle Angst vertreibt« (1. Johannes 4,18).

Und Gottes Geist wird Ihnen auch dabei helfen, mutig zu bleiben. Der Heilige Geist schenkt Ihnen den klaren Verstand und die Disziplin, die Sie brauchen. Denn damit bezwingen wir die »widerstrebenden Gedanken und lehren sie, Christus zu gehorchen« (2. Korinther 10,5). Das schließt Ängste mit ein.

Angst lässt Sie zittern, aber Gottes Liebe lässt Sie triumphieren! Wenn sich heute etwas vor Ihnen auftürmt, dann begegnen Sie diesem Berg nicht allein. Nehmen Sie die Kraft, Liebe und Selbstüberwindung an, die Gott Ihnen anbietet. Und während Sie sich Ihrer Angst in seiner Gegenwart stellen, werden Sie wie der Psalmist sagen können:

Die Berge schmelzen wie Wachs vor dem Herrn,
dem Herrn der Welt.

PSALM 97,5

Titus – Gott begegnet Ihrer Verwirrung mit rettender Liebe

Was wäre aus uns geworden, wenn Jesus nicht zu uns gekommen wäre? Paulus gibt im Titusbrief die Antwort auf diese Frage:

Auch wir waren früher unwissend und ungehorsam. Wir ließen uns in die Irre führen und wurden zu Sklaven vieler Wünsche und Leidenschaften. Unser Leben war voller Bosheit und Neid. Wir hassten die anderen, und sie hassten uns.

TITUS 3,3

Unwissend? Ungehorsam? Irregeleitet? Böse, neidisch und voller Hass? Das klingt nicht nach einem friedlichen, gelassenen Leben. Aber so sähe unser Leben ohne Gottes Liebe aus.

Doch dann zeigte Gott, unser Retter, uns seine Freundlichkeit und Liebe. Er rettete uns, nicht wegen unserer guten Taten, sondern aufgrund seiner Barmherzigkeit. Er wusch unsere Schuld ab und schenkte uns durch den Heiligen Geist ein neues Leben. Durch das, was Jesus Christus, unser Retter, für uns getan hat, schenkte er uns den Heiligen Geist.

TITUS 3,4-6

Gott beschloss, mit Freundlichkeit und Liebe in unser Leben zu kommen statt mit der Verurteilung und der Zurückweisung, mit der wir an seiner Stelle reagiert hätten. Er räumte unser Inneres auf, gab uns eine neue Identität und schenkte uns sogar seinen Geist. Alles, was wir verdient hätten, hielt

Gott zurück. Alles, was außerhalb unserer Reichweite gewesen wäre, bot er uns aus Liebe trotzdem an.

In seiner großen Güte sprach er uns los von unserer Schuld. Nun wissen wir, dass wir das ewige Leben erben werden.

TITUS 3,7

Aus Liebe beendet Gott unsere Verirrung, indem er uns die Klarheit und die Gewissheit schenkt, dass wir zu ihm gehören. Ohne Jesus würden wir weiterhin im Dunkeln leben und glauben, es sei das Licht. Wir würden uns dauernd mit weniger zufriedengeben und davon ausgehen, das wäre das Beste, was wir bekommen könnten. Aber Gott durchquerte in Liebe den Lauf der Geschichte und seine Schritte, die nach Liebe, Sinn und Vergebung klangen, hallen seitdem in jedem einzelnen Herz, in jedem Volk und jeder Kultur nach. Weil er kam, verwandelt sich unsere Verunsicherung in Vertrauen und unsere Unwissenheit in Gewissheit. Weil sich er sich in Liebe auf den Weg machte, wird Hass von Mitgefühl überwunden und Neid durch Ermutigung ersetzt.

Denken Sie einen Moment darüber nach, wie Ihr Leben ohne Gottes Liebe aussähe, und danken Sie Gott für seine Gnade, »die allen Menschen Rettung bringt« (Titus 2,11).

Philemon – Gott macht Sie vom Gefangenen zum Freund

Onesimus war ein Sklave – ohne Rechte, ohne Freiheit, ohne Ansehen. Als Philemon, sein Herr, eines Tages nicht hinsah, nutzte Onesimus die Chance, ihn zu beklauen, und rannte weg. Er floh nach Rom, um Freiheit zu finden.

Aber in Rom begegnete er dem Apostel Paulus, der ihm half, die ultimative Freiheit zu finden: Onesimus kam zum Glauben an Jesus Christus! Als Paulus Onesimus traf, sah er keinen getürmten Sklaven; er sah einen Mann, der von Gott geliebt wurde. Und deshalb erzählte er ihm vom Messias.

Obwohl Onesimus zum Nachfolger Jesu wurde, war er immer noch ein Sklave. Es war das Jahr sechzig nach Christus, und er gehörte zum Besitz von Philemon. Und er musste zurück. Deshalb schrieb Paulus aus Rom einen Brief an Philemon, um Onesimus die Rückkehr zu erleichtern:

Vielleicht kannst du es so sehen: Onesimus lief für eine gewisse Zeit weg, damit du ihn für immer zurückbekommst. Er ist jetzt nicht mehr nur ein Sklave, sondern mehr als das, ein geliebter Bruder, besonders für mich. Nun wird er dir noch viel mehr bedeuten, nicht nur als Sklave, sondern auch als ein Bruder im Herrn.

PHILEMON 15-16

Philemon hätte seinen getürmten Sklaven bestrafen können. Sowohl nach römischem Gesetz als auch nach dem des Alten Testaments hätte er das Recht dazu gehabt. Aber das Gesetz der Liebe Christi gebot ihm etwas Besseres, Höheres und weitaus Gewinnenderes: Bruderschaft. Herr und Sklave konnten nun als Brüder Gemeinschaft haben.

Auch wir hatten einmal so wie Onesimus keine Rechte, keine Freiheit und kein Ansehen. Wir waren Sklaven der Sünde und des Scheiterns. Aber dann begegneten wir dem Messias und auch unsere Gefangenschaft wurde in Gemeinschaft verwandelt. Wir bekamen das »Recht«, Söhne und Töchter Gottes genannt zu werden: Wir wurden von der Sklaverei der Sünde befreit und als geliebte Kinder Gottes anerkannt. Wenden Sie sich heute an Jesus, den Herrn Ihrer Seele, der Sie befreit hat, und danken Sie ihm dafür, dass er Ihre Gefangenschaft in Gemeinschaft verwandelt hat. Denn »so haben nun Jesus und alle, die er heiligt, denselben Vater. Deshalb schämt sich Jesus nicht, sie seine Brüder zu nennen« (Hebräer 2,11).

Hebräer – Gott lädt Sie ein, vor seinen Thron zu kommen

Die Tür zu Gott ist Ihnen nicht verschlossen; Sie steht weit offen! Sie können kommen, wann Sie wollen und so wie Sie sind. Sie brauchen keinen Termin im Thronsaal Gottes. Auf Ihrer Einladung steht »freier Zutritt«! Das ist das Wesen von Liebe: Sie heißt Sie willkommen und ruft Sie herein.

Lasst uns deshalb zuversichtlich vor den Thron unseres gnädigen Gottes treten. Dort werden wir Barmherzigkeit empfangen und Gnade finden, die uns helfen wird, wenn wir sie brauchen.

HEBRÄER 4,16

Der König des Universums ist der Gott, der Sie liebt und dazu einlädt, vor seinen Thron der Gnade zu treten. Er liebt Sie so sehr, dass er Sie ermutigt, auf den Schoß Ihres himmlischen Vaters zu krabbeln. Wenn Sie es am dringendsten brauchen, erweist er Ihnen Gnade.

Bevor Jesus kam, war der einzige Zugang zu Gott nur über die Priester möglich. Wer die notwendigen Opfer brachte, dem öffneten die Priester quasi die Tür zu Gott. Aber dann wurde Jesus unser Hohepriester!

Da wir nun einen großen Hohen Priester haben, der durch den Himmel gegangen ist – Jesus, den Sohn Gottes –, wollen wir an unserem Bekenntnis zu ihm festhalten. Dieser Hohe Priester versteht unsere Schwächen, weil ihm dieselben Versuchungen begegnet sind wie uns, doch er wurde nicht schuldig.

HEBRÄER 4,14-15

Jesus, unser vollkommener Hohepriester, hat uns einen Weg zu Gott geebnet, indem er zum vollkommenen Opfer für uns wurde. Er ist die Tür, durch die wir rennen können, um zu Gott zu kommen (vgl. Johannes 10,9).

Sie sind geliebt, Sie brauchen weder auf Zehenspitzen zu Gott zu kommen noch vor ihm zu erzittern. Sie brauchen sich keine Gedanken darüber machen, ob Sie gut genug sind, um in Gottes Gegenwart zu kommen, denn das ist unerheblich. Jesus ist genug. Und in ihm sind Sie so willkommen wie der Sohn Gottes selbst. Der König der Könige ist Ihr Vater. Sie sind eingeladen, mit ihm zu reden und bei ihm zu sitzen.

Wenn Sie heute Gnade brauchen, dann kommen Sie vor seinen Thron. Wenn Sie Barmherzigkeit oder Hilfe benötigen, dann gehen Sie durch die »Tür« Jesus zu Gott und empfangen Sie alles, was Sie brauchen.

Jakobus – Gott vertieft Ihr Vertrauen

Damit Silber herrlichen Glanz bekommt, muss es extremer Hitze ausgesetzt werden. Wenn Silber geläutert wird, hält der Schmied das wertvolle Material äußerst vorsichtig dort ins Feuer, wo die Flammen die höchste Temperatur haben, sodass alle Verunreinigungen verbrennen und nichts als strahlender Glanz übrig bleibt.

Gott hält uns oft genau dorthin, wo es besonders heiß ist: »Er wird sitzen und das Silber schmelzen und reinigen« (Maleachi 3,3). Und das tut er, damit unser Glaube geläutert wird. Gott erkennt wie ein ausgezeichneter Schmied unseren unschätzbaren Wert und beschließt aus Barmherzigkeit, uns dem Feuer der Belastungen auszusetzen, weil es den Schmutz in uns verbrennt, unser Inneres läutert und unseren wahren Glanz zum Vorschein bringt.

Jakobus kannte die Hitze der Verfolgung und Schwierigkeiten. Er hatte miterlebt, wie erst Jesus und dann die frühe Gemeinde verfolgt wurden. Er wusste, wie schmerzhaft diese Feuerprobe war, aber er wusste auch, was sie bewirken kann. Deshalb empfahl Jakobus:

Liebe Brüder, wenn in schwierigen Situationen euer Glaube geprüft wird, dann freut euch darüber. Denn wenn ihr euch darin bewährt, wächst eure Geduld.

JAKOBUS 1,2-3

Durch diese Läuterung, die Jakobus beschreibt, wird unser Glaube »zur vollen Reife gelangen und vollkommen sein und nichts wird [uns] fehlen« (Jakobus 1,4).

Gott lässt Sie nicht durch schwere Zeiten gehen und Kämpfe ausfechten, um Sie untergehen zu lassen, sondern um Sie in jemand Außergewöhnliches zu verwandeln. Schwierigkeiten sollen Sie nicht bestimmen, sondern Gott möchte, dass Sie durch diese Schwierigkeiten veredelt werden.

Auch wenn dieser Läuterungsprozess nie leicht zu ertragen ist, sind Sie die ganze Zeit über in Gottes Hand. Je größer die Hitze ist, desto größer wird die Gnade sein, die Sie erfahren, und desto größer wird die Herrlichkeit sein, die in Ihnen sichtbar werden wird. Denn Gott teilt Gnade großzügig aus. »So heißt es auch in der Schrift: ›Gott stellt sich den Stolzen entgegen, den Demütigen aber schenkt er Gnade‹« (Jakobus 4,6).

Bleiben Sie demütig in Gottes Hand und sträuben Sie sich nicht gegen das, was Sie reinigt. Gott arbeitet daran, aus Ihnen ein strahlendes Gefäß zu machen, das das Wesen Christi widerspiegelt. Wenn Sie heute die Hitze des Feuers spüren, erinnern Sie sich daran, dass Ihr liebender Gott Sie festhält und Sie nicht aus den Augen lässt, bis er wie der Schmied in seinem Silber in Ihnen sein göttliches Spiegelbild erkennt.

1. Petrus – Gott lässt Sie über Leid triumphieren

Der Glaube an Gott bewahrt einen nicht vor Leid. Manchmal führt der Glaube sogar zu Leid. Deshalb schrieb Petrus seinen Brief an die Christen. Diese mussten daran erinnert werden, dass sie »alle [...] Sorgen« Gott überlassen können und dass ihnen der Sieg bereits sicher ist (vgl. 1. Petrus 5,7). Zwanzig Jahre zuvor stand Stephanus, der eine enge Verbindung zum Geist Gottes hatte, vor einer Gruppe von hasserfüllten Männern. Er wurde von ihnen zu Tode gesteinigt. Die große Christenverfolgung hatte damit begonnen (vgl. Apostelgeschichte 8,1). Die Nachfolger von Jesus rannten um ihr Leben. Sie zerstreuten sich in alle römischen Provinzen, konnten dadurch dem Schicksal von Stephanus aber nicht entgehen: Verfolgung und Leiden ereilte auch sie.

Verfolgung und Leid scheinen uns immer zu finden, wir können davor weder weglaufen noch uns verstecken. Vom Tag der frühen Apostel bis heute waren Christen immer Druck ausgesetzt. Von Herabwürdigung bis Ermordung war alles dabei. Vielleicht ahnen wir nicht, welchem Leid wir in diesem Leben noch begegnen werden, aber wir wissen eines: Dass wir über dieses Leid triumphieren können, weil wir von Gott geliebt sind. Wenn Sie wegen Ihres Glaubens verletzt, ausgeschlossen oder ignoriert werden, dann haben Sie gewonnen. »Denn daran wird sichtbar, dass der Geist der Herrlichkeit Gottes bei euch ist« (1. Petrus 4,14).

Wenn Sie einen schmerzlichen Verlust erleiden, gehört Ihnen immer noch der Sieg, weil Gott für Sie »ein unvergängliches Erbe [hat], das rein und unversehrt im Himmel für [Sie] aufbewahrt wird« (1. Petrus 1,4). Und wenn Ihr Leben schließlich endet, stehen Sie auch auf der Siegerseite, denn wir »haben [...] eine lebendige Hoffnung, weil Jesus Christus von den Toten auferstanden ist« (1. Petrus 1,3).

Gottes Liebe bewahrt uns nicht immer vor Leid, aber seine Liebe bewahrt uns davor, dass Leid uns zerstört. Wenn Sie heute Druck aushalten müssen oder in irgendeiner Art verfolgt werden, weil Sie an Christus glauben, dann werfen Sie Ihre Sorgen auf Gott, denn er sorgt sich um alles (vgl. 1. Petrus 5,7). Bitten Sie ihn, Sie daran zu erinnern, dass Sie nicht um den Sieg kämpfen müssen, sondern durch Christus bereits als Sieger kämpfen.

Auch Christus hat gelitten, als er ein für alle Mal für unsere Sünden starb. Er hat nie gesündigt, aber er starb für die Sünder, um uns zu Gott zurückzubringen.

1. PETRUS 3,18

2. Petrus – Gott gibt Ihnen alles, was Sie für ein sinnerfülltes Leben brauchen

Haben Sie jemals darüber nachgedacht, was für ein Leben Sie führen würden, wenn Sie unbegrenzt Geld hätten? Wie wäre es, wenn Sie alles kaufen könnten, was Sie gerne hätten? Und wenn Sie alles hätten, was Sie wollen, hätten Sie dann auch alles, was Sie brauchen?

Weil Gott Sie liebt, gibt er Ihnen alles, was Sie für dieses Leben brauchen – und das ist viel mehr wert als ein unbegrenztes Budget.

Wenn wir Jesus immer besser kennen lernen, gibt seine göttliche Kraft uns alles, was wir brauchen, um ein Leben zu führen, über das sich Gott freut. Er hat uns durch seine Herrlichkeit und Güte berufen!

2. PETRUS 1,3

Manchmal sehen wir nur das, was uns fehlt, was wir gerne hätten oder wie viel besser unser Leben wäre, wenn wir genau diese eine Sache hätten: den besseren Job, das höhere Gehalt, weniger Schulden, ein größeres Haus, ein neues Auto oder etwas mehr Geld auf dem Sparbuch. Aber alles, was Sie für ein erfülltes Leben brauchen, haben Sie bereits, weil Sie Jesus haben! Wenn Sie ihn kennen, dann fehlt Ihnen nichts. Sie haben bereits alles bekommen, was Sie brauchen. Wenn Sie Ihr Leben damit verbringen, Gott besser kennenzulernen, dann wird Gott Sie »immer mehr« mit »seiner Gnade und seinem Frieden« beschenken (vgl. 2. Petrus 1,2). Und wenn Sie immer Gnade und Frieden in Ihrem Herzen haben, dann wird Ihre Zufriedenheit zunehmen und Ihre Ehrfurcht vor Gott wachsen.

Gott liebt Sie und würde Sie niemals ohne das zurücklassen, was Sie wahrhaftig brauchen. Er hat Ihnen das gegeben, was Sie am dringendsten brauchen: Er hat Ihnen seinen Sohn Jesus geschenkt und durch ihn hat er Ihnen Leben gegeben.

Das Leben selbst war in ihm, und dieses Leben schenkt allen Menschen Licht.

JOHANNES 1,4

Schauen Sie auf Jesus und lassen Sie sich von ihm Leben geben. Jesus zu kennen, bedeutet alles zu haben, was Sie brauchen. Baden Sie in seiner Liebe und spüren Sie, wie daraus die Zufriedenheit erwächst, die Sie sich wünschen.

1. Johannes – Gott macht Sie rein

Jeder lädt Schuld auf sich. Jeder macht einmal etwas falsch. Von Anbeginn der Zeit an kommt jede Person schlecht weg, wenn man sie mit Gottes Vollkommenheit vergleicht. Adam und Eva haben damit angefangen, und jeder andere – vom Frömmsten bis zum Verderbtesten unter uns – hat damit weitergemacht. Es liegt in unserer Natur, schuldig zu werden.

Wenn wir sagen, wir seien ohne Schuld, betrügen wir uns selbst und die Wahrheit ist nicht in uns.

1. JOHANNES 1,8

Aber es liegt in Gottes liebender Natur, uns zu vergeben und uns wieder schuldlos zu machen! Gott nimmt unsere Vergehen weg und macht uns brandneu, denn »das Blut von Jesus, seinem Sohn, reinigt uns von jeder Schuld«, ganz gleich, was wir auch getan haben (1. Johannes 1,7).

Wenn Sie sich schmutzig vorkommen und von Schuldgefühlen geplagt werden, wartet Gott voller Liebe nur darauf, Ihnen die Vergebung zu schenken, nach der Sie sich sehnen. Schütten Sie Gott Ihr Herz aus. Bekennen Sie ihm Ihre Schuld und bitten Sie ihn, Sie davon zu befreien. Er wird es tun.

Doch wenn wir ihm unsere Sünden bekennen, ist er treu und gerecht, dass er uns vergibt und uns von allem Bösen reinigt.

1. JOHANNES 1,9

Gottes Liebe sieht nicht über das hinweg, was uns verletzt und Gott entehrt. Seine Liebe weist uns auf unsere Schuld hin, damit wir sie ihm bekennen, und schafft sie dann aus dem Weg. Gott, der Sie liebt, vergibt Ihnen, wenn Sie ihn darum bitten. Er wäscht Sie rein und schenkt Ihnen einen Neuanfang. Ihre Schuld verschwindet im Schatten seiner Vergebung und wird von seiner königlichen Gnade und Barmherzigkeit entsorgt. Das ist es, was Gott tut. Der Prophet Micha rief:

Er wird sich wieder über uns erbarmen, alle unsere Sünden zertreten und alle unsere Verfehlungen ins tiefe Meer werfen!

MICHA 7,19

Gott vergibt uns nicht, weil wir es verdient hätten; er vergibt uns, weil er sich dazu in seiner Gnade entschieden hat. Wenn Gott Sie von aller Schuld befreit, dann spiegeln Sie seine Schönheit wider, und wenn er Sie dann ansieht, sieht er keine Schuld mehr in Ihnen. Nehmen Sie seine Liebe an, indem Sie ihm Ihre Schuld bekennen und durch seine Vergebung von ihr befreit werden. Sagen Sie dann mit dankbarem Herzen: »Denn du hast alle meine Sünden hinter deinen Rücken geworfen« (Jesaja 38,17). Und was Ihre vergebenen Sünden angeht: Gott hat hinten keine Augen!

2. Johannes – Gott zeigt Ihnen, wie Sie durchhalten können

Etwas Neues anzufangen, ist oft viel leichter, als etwas Angefangenes zu Ende zu bringen. Wir werden reisemüde, lassen uns von Abzweigungen ablenken und fühlen uns häufig einfach erschöpft und wollen aufgeben. Aber Gottes Liebe hilft uns, durchzuhalten und stark zu bleiben.

Der Apostel Johannes kannte sich damit sehr gut aus. Als alter Mann nahm er Stift und Papier und schrieb an »die auserwählte Herrin und ihre Kinder, die ich aufrichtig liebe, wie es alle tun, die Gottes Wahrheit kennen« (2. Johannes 1), um sie mit einigen Hinweisen zu ermutigen, durchzuhalten und Gott treu zu bleiben. Er nannte sich selbst »den Ältesten«, und vielleicht schrieb er tatsächlich an eine Frau aus der Oberschicht und ihre Kinder, aber wahrscheinlicher ist es, dass sich sein Brief an eine verfolgte Gemeinde richtete und er die »auserwählte Herrin« als Codewort benutzte, um sie zu schützen. In jedem Fall gilt die Wahrheit, die in den dreizehn Versen seines zweiten Briefes steckt, auch uns und erinnert uns daran, wie sehr Gott uns liebt.

Gott liebt uns zu sehr, als dass er uns nicht anfeuern würde, wenn die Strecke lang ist und uns die Ziellinie zu weit weg erscheint. Was immer Sie im Glauben angefangen haben, können Sie in Treue zu Ende führen, weil Gott Ihnen zeigt, wie Sie bis zum Schluss durchhalten.

- Sie können durchhalten, weil Sie »die Wahrheit, die in uns lebt und für immer in unseren Herzen sein wird«, kennen (2. Johannes 2).
- Sie können durchhalten, weil »Liebe heißt, sich nach den Geboten Gottes zu richten. Er hat uns geboten,

einander zu lieben, so wie ihr es von Anfang an gehört habt« (2. Johannes 6).

- Sie können durchhalten, weil Gott Sie trägt, wenn Sie schwach sind, weil er mit dem weitermacht, was Sie begonnen haben, und weil er die Last der Welt trägt, wenn Sie darunter zerbrechen würden.

Aus den schwersten Dingen, mit denen Sie konfrontiert werden, entstehen für gewöhnlich die besten Dinge. Verpassen Sie sie daher nicht, weil Sie nachgeben oder aufgeben. Gehen Sie im Vertrauen auf Gott immer weiter, dann werden Sie eines Tages die Ziellinie erreichen. Und bis dahin danken Sie ihm für »Gnade, Barmherzigkeit und Frieden von Gott, unserem Vater, und von Jesus Christus, seinem Sohn, [die] mit uns sein [sollen], damit wir in der Wahrheit und in der Liebe leben« (2. Johannes 3).

3. Johannes – Gott lädt Sie ein, sich bei ihm auszuruhen

Manchmal fühlen wir uns von den Lasten, die wir in unserem Herzen mit uns herumtragen, müde und erschöpft. Dann brauchen wir Zeit und einen Ort, an dem sich unser Inneres erholen kann. Jesus wusste um diese Art der Erschöpfung, denn auch er fühlte sie. Er und viele seiner Nachfolger zogen als Prediger durchs Land, ohne ein eigenes Zuhause zu haben. Sie hatten keinen Ort, an dem sie sich ausruhen konnten. Aber Gottes Liebe, die ihnen in denen begegneten, die auch zu Gott gehörten, wurde zu ihrem Ruheort. Sie kümmerten sich »um die Brüder […], die bei [ihnen] Rast mach[t]en« und boten ihnen »liebevolle Freundlichkeit« an, auch wenn sie viele von ihnen gar nicht kannten (vgl. 3. Johannes 5-6).

Gottes Liebe ist auch unser Ruheort. Er kümmert sich um uns alle, während wir in diesem Leben mit seinen Höhen und Tiefen unterwegs sind. Er öffnet uns sein Herz, wenn wir ein Zuhause brauchen. Er bietet uns bedingungslose Gastfreundschaft an, wenn wir uns mit altem, schwerem Gepäck abmühen. Gottes Liebe zu Ihnen ist ein sicherer Ort, an dem Sie jederzeit willkommen sind. Sie sind dort sogar mehr als nur willkommen, Sie werden dort von ihm sehnsüchtig erwartet. Gott sehnt sich danach, Sie zu beherbergen. Davon wussten auch schon die Psalmisten zu berichten:

Der spricht zu dem Herrn: Du bist meine Zuflucht und meine Burg, mein Gott, dem ich vertraue.

PSALM 91,2

Wenn Sie heute reisemüde sind, weil Ihre Route lang und beschwerlich ist, dann suchen Sie einfach diese Burg auf und machen Sie es sich in der Liebe Gottes zu Ihnen bequem. Sie können seine Gastfreundschaft genießen. So wie Jesus die Kinder zu sich gerufen hat, ruft er auch Sie zu sich, damit Sie sich von ihm umarmen lassen, er Ihnen »die Hand auflegen« und Sie segnen kann (vgl. Matthäus 19,13-15). Seine Liebe wird Sie zudecken und Ihnen Frieden geben, während Sie sich sicher in seiner Gnade und Großzügigkeit ausruhen können.

Nehmen Sie Gottes großzügige Einladung an, sich bei ihm auszuruhen, und teilen Sie dann seine Liebe und Gastfreundschaft mit jemandem, der heute einen sicheren Ruheort braucht. Denn wie in der Bibel steht:

Vergesst nicht, Fremden Gastfreundschaft zu erweisen, denn auf diese Weise haben einige Engel beherbergt, ohne es zu merken!

HEBRÄER 13,2

Judas – Gott bewahrt Sie vor dem Stolpern

Die Liebe, die Sie zu Christus hingezogen hat, ist dieselbe Liebe, die Sie eines Tages in die Ewigkeit bringen wird. Und bis dahin wird Gott aus Liebe heraus dafür sorgen, dass Sie nicht fallen. Er wird Sie innerlich zusammenhalten, damit Sie nicht zerbrechen, und er wird Sie nah bei sich halten, damit Sie nicht vom Weg abkommen. Das ist es, was Liebe tut: Sie hält Sie und bewahrt Sie davor zu fallen, selbst wenn Sie ins Stolpern geraten.

Vielleicht war Judas ab und zu in seinem Leben aus dem Tritt gekommen. Er war der Halbbruder von Jesus und wurde erst nach der Auferstehung Jesu zu seinem Nachfolger. Aber von diesem Moment an versicherte er uns, dass wir sicher und gehalten sind, »von Gott, dem Vater, geliebt und von Jesus Christus bewahrt« (Judas 1).

Selbst wenn Sie ins Straucheln geraten, wird Gott Sie nicht vom Weg abkommen lassen. Wenn Ihnen das Leben ein Bein stellt, fallen Sie vielleicht hin, aber Sie fallen damit auch noch tiefer in Gottes unendliche Liebe und Vergebung hinein.

Bei Gott sind Sie sicher, geschützt und geliebt. Vielleicht taumeln Sie hin und wieder, aber weil Gottes Liebe Sie hält, werden Sie nie so tief fallen, dass Gott Sie nicht zurück an sein gnädiges Herz zieht. Er hält und bewahrt Sie, »damit [Sie] makellos und voller Freude [sind] für seine große Herrlichkeit« (Judas 24). Irgendwann einmal wird all Ihr Straucheln von Gottes Vergebung aufgefangen werden und seine Gnade in glänzender und strahlender Weise offenbar werden.

Gott wird Sie eines Tages vor seinen eigenen Thron führen – Sie, die Sie einmal Mängel hatten, aber dann werden Sie schuldlos vor ihm stehen. Wie ein glänzender Diamant werden Sie in perfekter Reinheit vor Gott stehen, funkelnd und strahlend schön, weil das Wesen Jesu aus Ihnen heraus scheint. Gott wird Sie jeden Tag Ihres Lebens tragen. Er schützt Sie, damit er Sie seinem Vater zeigen kann.

Danken Sie ihm dafür, dass er Ihnen vergibt und Sie nahe bei sich hält. Zeigen Sie Ihrem unbeschreiblichen Retter und liebenden Vater Ihre tiefe Dankbarkeit, denn ihm »gehört alle Ehre. Er allein ist Gott, unser Retter durch Jesus Christus, unseren Herrn. Ihm gehören Ehre, Majestät, Macht und Gewalt; schon vor aller Zeit, jetzt und in Ewigkeit! Amen« (Judas 25).

Offenbarung – Gott nimmt Sie als seine Braut in Empfang

Die Gäste haben Platz genommen. Die Kerzen brennen. Die Musik erklingt. Der Pastor gibt das Zeichen, sich zu erheben. Alle Augen sind diesmal nicht auf die Braut gerichtet. Jeder sieht nur auf den Einen und Einzigen: den Bräutigam, den Hauptdarsteller in dieser Liebesgeschichte. Der Apostel Johannes beschrieb ihn so:

Dann sah ich den Himmel geöffnet, und es stand dort ein weißes Pferd. Und der, der auf dem Pferd saß, wird der Treue und Wahrhaftige genannt [...] und auf dem Kopf hatte er viele Kronen.

OFFENBARUNG 19,11-12

Diese Hochzeitszeremonie wird unvergleichlich sein. Sie dreht sich um die Enthüllung Jesu, dem Lamm Gottes, Ihrem Retter, dem alleinigen König des Universums. Alle Blicke gehen zu dieser einen Majestät, während der Chor singt:

Halleluja! Denn der Herr, unser Gott, der Allmächtige, herrscht. Lasst uns fröhlich sein und jubeln und ihn ehren. Denn die Zeit für das Hochzeitsmahl des Lammes ist gekommen, und seine Braut hat sich vorbereitet.

OFFENBARUNG 19,6-7

Die Braut erblickt den Bräutigam. Sie ist endlich da. Sie selbst sind da. Gottes geliebte Menschen, seine Gemeinde, sind seine Braut. Und Gott selbst hat seine Braut bereit gemacht. Er hat seine Gemeinde rein und heilig gemacht. Er kleidet uns in »strahlend weißes Leinen« (Offenbarung 19,8).

Die Freude, die wir über so eine unverdiente Gemeinschaft spüren werden, wird Jesus mit uns teilen. Jesus Christus, der Bräutigam, wird vor Glück und Stolz strahlen, wenn wir, seine geheilten Kinder, seine erlöste Gemeinde, für immer an seiner Seite sind.

Gott hat uns mit seiner Liebe überschüttet, nicht nur 66-fach, sondern millionenfach. Aber das, was wir beim Hochzeitsmahl des Lammes erleben werden, wenn wir unseren Bräutigam sehen, wird mit nichts zu vergleichen sein. Er kommt zu uns – er kommt zu Ihnen, seiner geliebten und geschätzten Braut. »Derjenige, der dies alles bezeugt, sagt: ›Ja, ich komme bald!‹« Und Sie und ich sagen heute und jeden neuen Tag: »Amen! Komm, Herr Jesus!« (vgl. Offenbarung 22,20).